코로나 현장으로 달려간 간호사들과 그 가족들의 이야기

코로나 영웅,
대한민국을 간호하다

목 차

목 차

발간사

신경림 대한간호협회 회장

2020년 한국을 휩쓴 코로나와 싸운 간호사들의 분투기를 세상에 내놓습니다. 이 책은 단순한 간호사의 병동 이야기나 간호 스토리가 아닙니다. 올 초 눈에 보이지 않는 코로나 바이러스가 대구·경북을 강타하면서 전국의 46만 간호 가족들은 하나로 뭉쳐 극복했습니다. 코로나 현장에서 우리 간호사들이 보고, 느끼고, 듣고, 체험한 것을 기록으로 남긴 코로나 극복의 대서사시입니다.

대구·경북에서 간호사가 부족하다는 소식이 전해지면서 우리 간호협회는 전국에서 자원자를 모집했습니다. 3월 1일 단 하루 만에 500명이 넘게 자원했고, 두 달 만에 3,959명이 손을 들었습니다. 대구·경북 지역 병원의 간호사들도 코로나병동으로 달려갔습니다. 이렇게 모인 간호사들은 코로나병동의 하루하루를 일기처럼 써 내려갔고, 기억해 냈고, 그것을 기록했습니다.

'왜 하필 당신이 꼭 가야만 하나'라는 가족들의 만류에 간호사들은 대답합니다.

"나는 남을 돌보는 간호사라는 게 자랑스럽다."

“내가 아니더라도 간호사 누군가 가야 하는데 내가 먼저 가겠다.”

간호사의 길이 얼마나 어렵고 고독한 것인지 우리는 잘 알고 있습니다. 어머니 임종조차 지키지 못했던 대구 파견 간호사, 암 진단을 받고도 간호사라는 사명감에 대구로 간 간호사, 아버지의 나라인 한국을 위해 한달음에 달려온 스페인 간호사, 이 모든 것이 한편의 감동 드라마였습니다. 코로나 현장에서 간호사들은 피로와 두려움 대신 사명감과 전문성으로 도전했습니다.

“고글에는 김이 서렸고, 주삿바늘 사면은 보이지 않았다. 장갑을 두 겹이나 낀 둔탁해진 손으로 정맥주사를 놓아본 적이 없어 혈관을 찾기도 힘들었다.”

코로나 환자를 돌보는 간호사들은 자신의 감염도 두려워하지 않았습니다.

“우리는 절대로 여러분을 포기하지 않습니다. 그러니 함께 힘을 내어 주세요.”

이처럼 환자를 돌보다가 자신도 감염된 간호사들은 당당하게 말합니다. 음압병동에서 공황장애 등 고초를 겪었지만, 자원해서 간 것에 대해 결코 후회하지 않는다고.

‘환자를 돌보던 간호사에서, 환자가 된 간호사’라는 두 개의 세계를 보여주는 그들에게서 우리는 간호의 미래를 읽을 수 있습니다.

한국 간호사들의 코로나 분투기는 간호사에 대한 연민을 보여주는 것이 아니라, 국민에 대한 사랑과 간호사로서의 사명감이었고, 이는 독자들에게 깊은 울림으로 다가설 것입니다.

추천사

권덕철 보건복지부 장관

안녕하십니까? 보건복지부장관 권덕철입니다.

한국 간호 발전을 위한 후학양성과 보건의료정책 발전에 최선을 다하고 계신 대한간호협회 신경림 회장님의 기여에 경의를 표합니다. 대한간호협회 직원 여러분의 노고에도 감사를 드립니다.

간호사는 늘 변함없이 환자 곁에서 생명과 건강을 보호하는 버팀목이 되어 왔습니다. 특히 지난 1년 동안의 코로나19 대응과정에서, 간호사분들이 보여주신 숭고한 직업의식과 인간애는 국민들에게 큰 감동을 주고 있습니다.

현직은 물론, 신규자, 은퇴자 가릴 것 없이 많은 간호사분들이 방역 현장에 자원하여 주셨습니다. 중환자실, 선별진료소, 확진자 병동, 생활치료센터 등에서 24시간 환자분들을 간호해주시고, 아낌없는 지원을 해주셨습니다. 이로 인해 많은 환자들이 코로나19를 극복하고 일상으로 돌아갈 수 있었습니다. 이렇게 치열했던 현장에서의 이야기를 담은 코로나19 간호사 수기 발간을 진심으로 축하드립니다.

코로나19와의 싸움이 1년을 넘어가고 있는 지금, 간호사분들의 고충과 피로를 덜어드리는 것이 무엇보다 중요하다고 생각합니다. 앞으로 정부는 현장 간호인력을 확충하고 근무환경을 개선하기 위하여 적극 노력하겠습니다.

먼저, 코로나19 대응 최일선에서 헌신하고 계신 간호사분들이 제대로 보상받을 수 있도록 중증환자 전담치료병상 간호수당을 지급하고, 그 밖에도 의료진에 대한 적절한 보상이 돌아갈 수 있도록 살펴나가겠습니다. 간호사분들이 안전하게 현장에서 일하실 수 있도록 코로나19 감염관리 교육도 지원하겠습니다. 아울러, 현장 간호사분들이 휴식시간을 보장받고, 인권을 존중받는 환경에서 근무하실 수 있도록 지원하겠습니다. 감염병 대응과 같은 공공의료 분야에서 간호인력을 확충하기 위한 정책도 강화하겠습니다.

앞으로도 지속적으로 간호계와 소통하면서 현장에서 필요한 정책을 보완해나가겠습니다. 간호계에서도 필요한 정책이나 제도 개선사항이 있으면 언제든지 정부에 의견을 주시기 바랍니다.

다시 한번 코로나19 간호사 수기 발간을 축하드리며, 대한간호협회 임직원 및 전국의 46만 간호사 여러분 모두에게 건강과 행복이 가득하길 기원합니다. 감사합니다.

추천사

정은경 질병관리청장

코로나19로 전 세계는 유례없는 공중보건 위기를 겪고 있고, 우리도 사회·정치·경제의 각 분야에 혼란과 어려움을 경험하고 있습니다. 이런 코로나19 위기를 겪으면서 우리가 경험한 것은 간호사의 재발견입니다.

코로나19가 대구·경북지역에 크게 유행할 때 국가안심병원과 코로나 전담병원, 생활치료센터, 선별진료소의 전쟁터 같은 상황에서 간호사분들은 어떻게 활동하셨을까?

이 책은 코로나19 환자가 급증하면서 의료진이 부족해진 대구 경북지역에 간호사들이 어떻게 모이게 됐는지, 또, 낯선 감염병으로 우왕좌왕하던 병원에서 환자를 어떻게 돌봤고, 어떻게 코로나19를 극복했는지 간호사들이 현장에서 느낀 그대로의 생동감 넘치는 필치로 그려냈습니다.

부부 간호사는 아들을 시골 친정집에 맡기고 현장 지원에 나섰고, 신혼 한 달 만에 코로나병동에 자원한 간호사는 남편을 시집으로 보내고, 25년 차 간호사는 '나와 가족의 이익을 우선으로 살아왔다'는 반성에 "대구로 가자"를 외칩니다.

한 페이지, 한 페이지를 들추면서 마주치는 것은 간호사들의 사명감입니다. 이들의 사명감은 교과서 공식처럼 배워서 익힌 것이 아니라, 위기의 병원에, 환자를 돌보는 실제 현장에 살아 숨 쉬고 있다는 사실을 확인할 수 있었습니다.

이 책은 코로나19 전사인 간호사들의 의식 세계도 보여주고 있습니다. 화장실을 갈 때마다 방호복을 새로 바꿔 입어야 하기 때문에 커피와 음료를 마시지 않았고, 간호하는 데 불편할까 봐 묶음 머리를 단발로 바꾸기도 했습니다. '혹시 내가 감염되면 어떡하지'라는 생각은 두려움 때문이 아니라, 감염병 극복에 애쓰는 의료진과 지역주민들의 노력이 헛되게 할까 하는 걱정이었습니다.

'이름 없는 영웅' 간호사분들의 땀과 노력이 모여, 우리는 코로나19와 함께 살아가는 법을 배우고, 또 위기를 극복해가고 있습니다. 코로나19 방역의 최종목표 중 하나인 감염고리 끝에 있는 어르신과 기저질환자를 보호하는 일, 그리고 지속가능한 의료시스템을 유지하는데 헌신하고 있는 한 분 한 분의 간호사님들께 다시 한번 경의를 표합니다.

간호사 여러분이 얼마나 소중한 존재인지 이 책을 통해 다시 한번 느끼게 되었습니다. 고맙습니다.

코로나 현장으로 달려간 간호사들과 그 가족들의 이야기

#두겹세겹장갑끼고_고생한 #간호사의 손 #환자살린 거룩한손

이학도 | 경기도의료원 이천병원

코로나 최전선에서 환자를 돌본
모든 간호사들에게 이 책을 바칩니다.

누구의 탓도, 당신의 잘못도 아닙니다
그러니 용기를 잃지 마세요

김성덕 | 대전보훈병원

살아가는 동안 우리는 자기 생각과 경험을 통해 어떤 일이나 상황을 판단한다. 어떤 사람이 처한 상황을 이해하려면, 역지사지(易地思之)하는 마음이 필요하다는 걸 나는 코로나19를 통해 경험했다. '간호사와 확진 환자'라는 두 가지 상황에 부닥치고 난 뒤, 세상을 바라보는 시선이 조금 달라졌다. 일상 대부분을 바꾸어놓은 코로나19 사태가 언제 끝날지 아무도 모른다. 우리는 다만 최선을 다해 바이러스와 맞서 싸울 뿐이며, 희망과 용기를 잃지 않으려고 애쓸 뿐이다.

간호사로서의 시간

지난해 말 중국 우한에서 시작한 코로나19가 예상 밖으로 기승을 부리던 올해 초였다. 우리나라도 예외 없이 재앙의 중심에 놓였고, 대한간호협회와 병원으로부터 '간호사와 의료진 파견 지원' 관련 공지 문자를 받았다. 21년 차 간호사로서 '내 도움이 필요한 곳에 가야겠다'라고 다짐하고, 3월 9일부터 22일까지 2주간 대구에서 다른 의료진들과 함께 간호 활동을 시작했다.

파견지인 대구는 코로나 확산의 중심지였고, 거리는 공포 영화처럼 텅 비어 있었다. 도착한 첫날밤 밤낮없이 119 구급차 소리가 끊이지 않았고, 위급 상황에 놓인 대구의 현실을 직감했다. 다음날 파견 병원의 간호부장님으로부터 근무 안내와 방법 등을 들은 뒤 바로 중환자실에 배치되었다. 인력 부족이 심각한 상황이라서 지체할 여유가 없었다. 레벨D 보호복을 입고, PAPR(전동식 호흡보호구)을 착용했다. 병동에는 50명의 환자를 4명의 간호사가 담당하고 있었고, 초기에는 상황이 급하게 돌아간 탓인지 대응 매뉴얼이 잘 갖추어진 편은 아니었다. 전국 각지에서 지원한 간호사들과 함께 호흡을 맞춰가며, 경험을 바탕으로 그때그때 상황에 맞게 대응해야 할 일이 적지 않았다.

코로나는 메르스와 전혀 다른 바이러스였다. 오늘 대화를 주고받은 환자가 다음날 인공호흡기에 의존하는 상황이 빈번했다.

외부와 접촉이 단절된 환자들은 언제 끝날지도 모르는 시간과의 싸움을 오롯이 혼자 감당해야 했다. 식사와 투약 때마다 "언제 나아져서, 집으로 돌아갈 수 있을까요?"라고 묻는 환자들에게, "힘내세요"라는 말을 전할 때면 환자들은 눈물을 뚝뚝 흘렸고 마음이 아려왔다. 가족과 만남을 간절히 바랐지만, 끝내 가족 가운데 누구도 지켜보지 못한 상황에서 임종을 맞는 환자도 있었다. 그 순간 환자 곁을 마지막까지 지키는 건, 간호사들의 몫이었다. 코로나 사태로 인해 삶의 마지막을 가족과 함께 하지 못하고 쓸쓸히 눈을 감아야 하는 상황을 보면서 인생무상을 실감하기도 했다.

한 사람이 떠난다는 것은 한 세계가 사라지는 것이라 생각한다. 그 세계의 끝에서 우리는 생사를 넘어선 무언가와 마주하기도 한다. 말할 수 없는 슬픔을 안으로 삼키며, 다른 환자의 건강 상태를 살피던 동료의 얼굴을 떠올린다. 간호사라는 일이 지닌 사명의 무게가 가볍지 않고, 그 가치가 적지 않다.

매일 크고 작은 어려움을 직면하면서 그 해결점을 찾아야 하는 것 또한 나와 동료의 몫이었다. 시간이 갈수록 병동에는 더 많은 사람이 이송되었고, 무엇보다 현장을 지키는 의료진들과 간호사들의 체력이 문제였다. 레벨D 보호복과 의료장비를 착용하고 일하다 보면, 차가운 날씨에도 온몸이 땀에 젖는다. 눈에 땀이 들어가서 따갑고 피부가 짓물러서 상처를 남겼다. 휴식 시간이 있었지만,

코로나 위기에 대구가
처한 상황을 들었을 때,
나는 단 한 순간도
망설이지 않고
파견 지원을 했다.
아이가 셋이라서
지원 활동이
염려된다는 말에도,
"괜찮습니다.
내가 그곳에 가야 합니다"
라고 말했었다.

환자 상태를 살피느라 놓치기 일쑤였다. 끼니를 놓치기도 했고, 퇴근 뒤 숙소에 돌아오면 쓰러지곤 했다. 21년 차 간호 경험이 있었지만, 의지만으로 상황을 딛고 견디기란 쉬운 일이 아니었다.

외부와 단절된 상황은 환자뿐만 아니라, 의료진들과 간호사들도 마찬가지였다. 밤낮으로 코로나와 맞서다 보면 체력은 쉽게 떨어진다. 지금도 코로나 현장에서 활동하는 사람들이 적지 않다. 그분들에게 개인 방역뿐만 아니라 체력 관리도 소홀하지 말라고 당부하고 싶다. 입맛이 없어도 끼니를 거르지 않고, 짧은 휴식 시간도 잘 활용하라고 말하고 싶다. 환자를 돌보는 사람들이 피로에 지치거나, 건강이 무너지면 안 된다. 그러니 근무 중 잠깐이라도 휴식 시간을 이용해서 긴장을 풀 필요가 있다.

가족의 염려를 뒤로하고 간호사로서 사명을 다하기 위해 코로나 현장으로 지원한 사람들이 적지 않다. 지금은 대응 매뉴얼과 병동 시스템이 잘 갖추어진 편이지만, 코로나 대응 초기에는 그렇지 못했다. 그런 상황에서 간호사로서 사명과 의지만으로 견디는 것도 한계가 있다. 그러니까 페이스를 조절하면서 현장 근무를 할 필요가 있다.

2주 간의 시간 동안 매일 평균 1만 5천보 정도를 걸었다. 좁은 공간에서 레벨D 보호복과 장비를 착용하고, 활동하다보면 '방심하는 순간'이 있다. 숨 쉬기가 어렵기 때문에 환자 병실을 빠져나와서 아무도 없는 곳에서 마스크를 몇 번 올리고 숨을 쉰 때도 있다. 돌아보면 위험에 노출될 수 있는 상황이라 생각한다. 방호복이 젖거나 마스크에 땀이 차서 호흡하기 힘들 때는 반드시 밖으로 나와서 보호구를 교체하고 다시 현장으로 들어가야 한다.

간호 경력이 많고 업무에 익숙하더라도 절대 안전에 철저해야 한다. 나의 경우 보호구 입기 대회에서 1등을 했을 정도로 능숙했다. 하지만 코로나 현장은 생각 이상으로 다르다. 방호복을 잘 입는 것과 입은 채 2시간 활동하는 것은 전혀 다른 일이다. 두세 겹으로 장갑을 낀 채 샘플 테스트를 하기도 어렵고, 레벨D 보호복과 PAPR(전동식 호흡보호구), 고글 등을 착용하고 활동하면 땀과 습기로 힘들 때가 많다. 무엇보다 의료진들이나 간호사들은 자기 컨디션을 스스로 살펴야 한다. 무조건 참고 버티면서 일하는 것보다 체력이 떨어지거나 몸 상태가 좋지 않을 때는 무조건 휴식을 취해야 한다. 무엇보다 개인의 안전이 가장 중요하기 때문이다.

개인 보호구 착용과 관련해서 한 가지 팁이 있다. 고글에 땀과 습기가 차면 시야가 막혀 활동하기 어렵다. 그럴 때 김 서림 방지 용액을 사용하면 훨씬 편하다. 용액을 사기 어려울 때는 린스를 고글 표면에 바른 뒤 마를 때까지 기다린 후 착용하면 편하다. 린스가 코팅 역할을 해서 김 서림 방지 효과가 있기 때문이다.

간호사A
Chief
간호사B

김홍식 | 대구보훈병원 방사선사

많은 기업과 국민으로부터 응원 물품이 오곤 했다. 코로나 현장에서의 고생을 위로받는 듯해서, 그때마다 에너지가 솟곤 했다. 그분들에게 고마운 마음을 지금도 잊지 못한다. 구호 물품 가운데 김 서림 방지 용액을 후원한 사람도 있었는데. 현장에서 가장 필요한 물품이었다고 지금도 생각한다.

확진 환자로서의 시간

2주간 코로나 현장 파견을 마치고 2주간 자가격리에 들어갔다. 당시에는 강제 사항이 아니었지만, 혹시나 하는 생각으로 격리 생활에 들어갔다. 파견 기간 동안 체력의 한계를 경험했지만, 나름 개인 방역도 잘 지키면서 활동했다고 생각했다. 하지만 안전은 제 아무리 강조해도 지나치지 않는 법이니, 2주간 격리 시간 동안 나를 돌아보는 시간으로 삼기로 했다. 가족이 보고 싶고, 함께 일하는 동료의 얼굴도 떠올랐지만 조금만 더 참기로 했다.

친정이 있는 시골로 가서 빈 건물에서 자가격리 시간을 가졌다. 한 주가 지났을까. 몸 상태가 좋지 않아서 선별진료소에 가서 검사를 받았다. 다행히 음성 판정을 받았다. 하지만 13일째 되는 날이었다. 입맛도 없고 음식 냄새를 맡을 수도 없었다. 설마 했지만 코로나 초기 증상과 비슷해서 다시 검사를 받았다. 이번에는 양성 판정을 받았다. 하늘이 무너지는 듯했고, 여러 가지 생각이 머릿속에서 떠나지 않았다. '왜, 내게 이런 시련을 주나'라는 생각이 떠나지 않았다. '내가 무엇을 잘못한 거지?'라는 마음에 그동안의 시간을 수없이 돌아보았다. 가족과 동료에게 미안하고 부끄러운 마음을 감출 수가 없었다. 내가 무슨 큰 죄를 지은 것도 아닌데, 자꾸만 그런 생각이 들어서 혼란스러웠다.

코로나 현장에서 간호사로서 일하던 내가, 어느 날 갑자기 확진 환자가 되어 병실에 격리되었다. 평소에는 건강하다고 자신했었는데, 43일 동안 확진 병동에서 지냈다. 음압텐트에 실려서 병동으로 입원하는 순간을 지금도 잊을 수 없다. 환자분들에게 "힘내세요. 반드시 견디셔야 합니다"라고 말한 내가, 그 소리를 들으면서 이동했었다. 환자들이 받는 고통 가운데 폐쇄공포증이 있는데, 내가 그런 상황에 놓였다. 2주가 지나면서 환청이 들리기도 했고, 밥을 먹을 수도 없었다. 항생제 치료와 항바이러스 치료를 받는 동안에 간호사들이 적지 않은 위로를 주었다. 밀폐된 공간에서 내가 의지할 수 있는 사람은 의료진과 간호사뿐이었다.

역지사지라고 했던가. 코로나19라는 재앙을 사이에 두고 간호사와 환자라는 두 가지 세계에서 나는 많이 힘들고 외로웠다. 밀폐된 공간이 주는 두려움도 있었지만, 간호사로서 자기관리를 하지 못한 죄책감이 더 크게 다가왔다. 그런 생각에 꽤 오랫동안 잠겨있었다. 그 마음이 나를 더 힘들게 했다. 나 스스로가 나를 더 괴롭게 하는 시간이었다. 내가 열심히 환자를 간호하고 또 감염까지 되면서 왜 나는 나를 자책하고 있었을까. 이제는 얘기할 수 있다. 이것은 나의 잘못이 아니라 이것은 우리 공동의 일이고 일을 하다보면 어쩔 수 없이 발생할 수 있는 일이다. 그리고 이것은 누구의 탓이 아니다. 그리고 이런 힘든 순간에도 언제나 나를 지지하는 가족들과 동료들이 있다. 내가 환자를 지켰듯이 나를 지켜주는 가족과 동료들이 있다. 이러한 생각으로 길고 절망적이었던 격리의 시간을 천천히 조금씩 긍정적으로 이겨냈다. 그리고 지금 내 마음이 그전보다 더 건강하고 단단해졌음을 느낀다.

코로나 위기에 대구가 처한 상황을 들었을 때, 나는 단 한 순간도 망설이지 않고 파견 지원을 했다. 아이가 셋이라서 지원 활동이 염려된다는 말에도, "괜찮습니다. 내가 그곳에 가야 합니다"라고 말했었다. 21년 차 간호 경력이 아픈 환자들에게 도움을 주리라고 믿었다. 코로나 현장에서 밤낮없이 활동했지만, 어떤 작은 틈으로 코로나19 확진 환자가 되었다. 코로나는 내 삶의 큰 변화를 가져왔고, 삶을 바라보는 자세도 달라졌다. 43일 동안 격리 상태를 이겨내고 다시 일상으로 복귀해서, 환자를 돌보고 있다. 돌아보면 불안과 공포를 이겨낼 수 있었던 건, 가족과 동료의 응원이었다. 한결같은 마음과 변함없는 응원이 나를 다시 찾을 수 있도록 도와주었다. 지금도 코로나와 맞서 싸우고 있는 환자들에게,

그리고 내 경우처럼 환자를 돌보다가 확진 환자가 된 분들에게 이런 말을 건네고 싶다.

누구의 탓도, 당신의 잘못도 아닙니다.

그러니 용기를 잃지 마세요!

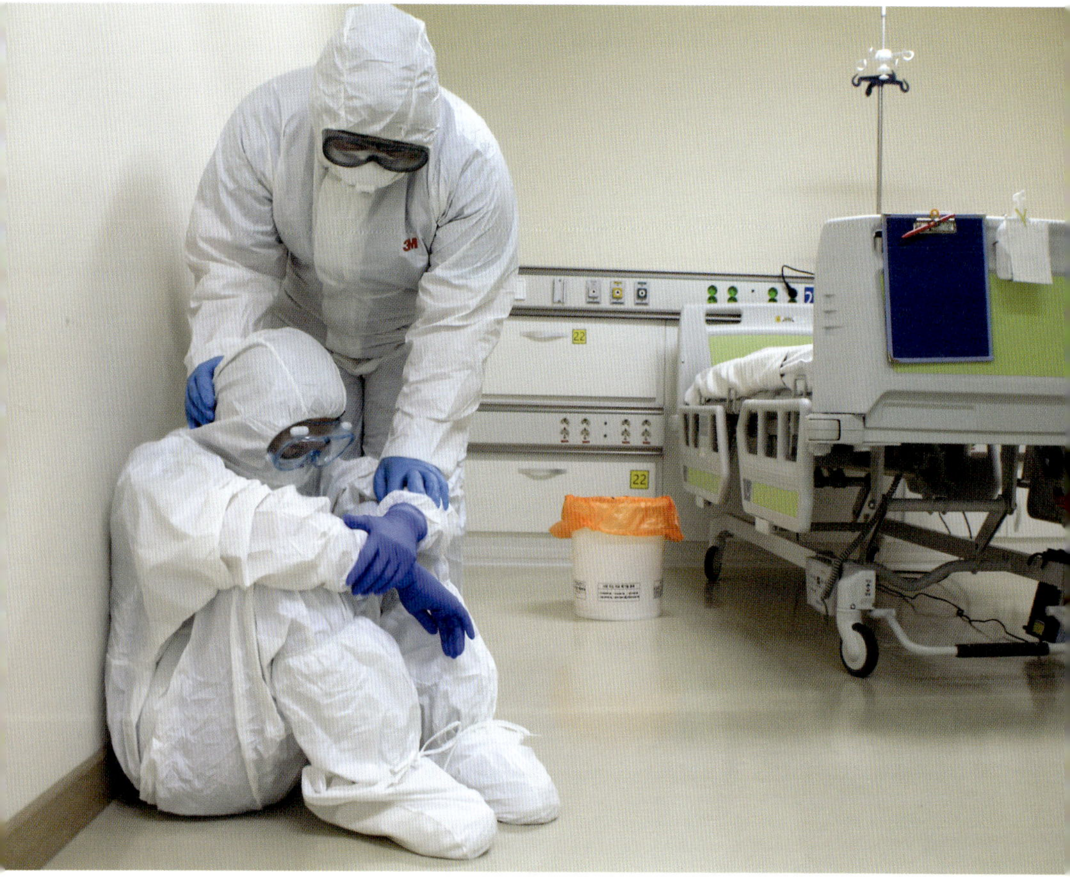

홍현미 | 부산대동병원

#잘하고있어#용기잃지마세요

간호사에서 확진자로,
코로나의 두 가지 세계를 경험하다

강정화 | 대자인병원

나는 코로나라는 벽과 맞서 간호사로서의 시간을 경험했고, 또한 확진 환자로서 어느 기간 동안 격리되기도 했다. '코로나라는 거대한 벽 안에서' 두 가지 시간을 경험하면서 '의료진과 환자의 심정'을 몸으로 체험했다. 힘든 시간이었지만 삶의 소중한 가르침이라 여기며, 그 기억을 되짚어보려 한다.

대구로 향한 마음

코로나가 창궐하던 2월의 마지막 날, 아침 출근길에 코로나 속보를 접했다. 뉴스에서는 코로나 확산으로 대구가 위기에 처했으며, 의료인력의 부족을 심각하게 전하고 있었다. 근무하는 내내

'인력 부족'이라는 뉴스 내용이 잊혀지지 않았다. 결국 퇴근 뒤 필요한 서류를 꼼꼼하게 작성하여 대구 지역으로 파견을 결심했다.

이메일을 보낸 다음 날 질병관리본부로부터 3월 2일부터 봉사가 가능한지 전화를 받았다. 사는 동안 처음 대구에 가는 터라, 낯선 지역에 대한 부담도 있었다. 아무 연고도 없는 대구로 가기 전까지 가족 모두 한사코 만류했다. '혹시라도' 하는 마음 탓이었다. 특히 코로나 여파로 인해 유학 중이던 홍콩에서 급히 귀국한 딸은 대구로 향하는 나를 무척이나 걱정하고 두려워했다. 하지만 끝내 가족 모두 '내 뜻과 길을 응원'해주었다.

나는 사스와 신종플루, 메르스를 경험했다. 하지만 그런 사태와 맞서 직접 대응하는 인력으로서 참여해본 바가 없다. 이번 코로나 사태는 이전과 다른 심각성을 보였고, 내가 가진 것을 환자들과 나눌 수 있다고 생각하며 생전 처음 대구로 향했다.

코로나에 갇힌 대구, 그 6주 동안의 여정

차를 직접 운전하여 대구에 도착한 첫날, 대구 거리는 텅 비어 있었다. 사람의 발길을 찾아볼 수 없는 그곳은, 흡사 영화 속 이야기처럼 음산한 분위기였다. 영남대에 도착한 뒤 레벨D 보호복 착·탈의 교육을 받았다. 처음 착용할 때의 중압감이 앞으로 경험하게 될 고난의 시작임을 그때는 몰랐다. 보호복 안으로 쉴 새

없이 흐르는 땀 때문에 불편했고, 호흡하기도 힘들었다. 이런 상태에서 현장의 의료진과 간호사들이 환자를 치료하고 있었다고 생각하니, '내가 잘 할 수 있을까?'라며 겁이 났다. 함께 교육받는 스무 명의 동료도 같은 심정이지 않았을까.

내가 근무할 곳은 영남대병원 402병동으로 음압병상이 있는 확진자 병동이었다. 확진 환자들을 돌보는 과정이 '전혀 힘들지 않다'는 말은 거짓말이다. 솔직한 표현을 빌리자면 정말 경험한 것 가운데 가장 힘들었다. 레벨D 방호복은 입는 순간부터 땀과의 전쟁이다. 겨울의 찬기 속에도 아랑곳하지 않았다. 보호복을 입고 활동하다 보면 땀이 차서 바지 밑으로 줄줄 샜다. 내 몸부터 너무 힘이 드니, 환자분들의 고통을 완벽하게 헤아리지 못했다. 지나 보니 그런 생각이 자주 든다.

시간이 흐르니 보호복과 장비 착용이 조금 익숙해졌고, 그제야 환자분들이 눈에서 가슴으로 다가왔다. 특히 90세 이상의 고령 환자분들을 대하면서 돌아가신 아버지와 고향에 계신 어머니 생각이 나서, 더 눈에 밟혔다. 힘든 과정에도 건강을 되찾아 퇴원하는 분들을 보면 나도 모르게 힘이 솟았다. 하지만 모든 분이 그런 상황이 되지 못했고, 6주 이상 장기 입원 환자분들은 특성상 고립된 상태라서 몸도 마음도 많이 지쳐있었다.

확진 환자 대부분이 발열·근육통·기침·폐렴·무기력증·호흡곤란·설사 등으로 무척 고통스러워했다. 그 가운데 가장 심각한 문제를 초래하는 것이 바로 바이러스성 폐렴이었다. 이 증상은 효과적으로 치료할 수 있는 약이 아직 없기 때문이다. 환자들은 미각과 후각 상실로 음식의 냄새와 맛을 느끼지 못했다. 그때는 몰랐는데 훗날 내가 환자가 되어보니, 격리 상태의 불안감과 마음을 느낄 수 있었고 '더 잘해드리지 못한 마음'이 후회되곤 했다.

두려움과 희망, 절망과 용기, 실망과 격려 등 여러 가지 생각과 감정이 교차된 시간이었다. 그렇게 402병동 환자들과 6주라는 시간을 함께 보냈다. 파견근무가 끝난 지금도 병동으로 향하는 통로와 음압병실과 일반병실의 환경, 레벨D를 벗고 밖으로 나오던 통로가 아직도 눈에 선하다. 또렷하게 기억에 남아 있는 그 모습은 오래도록 잊지 못할 듯하다. 아마도 살아가는 동안 깊고 단단한 조각으로 각인될 것이다.

대구 파견 뒤 2주간의 자가격리

6주라는 파견 기간에는 내가 마치 전쟁터의 한가운데에서 있는 듯한 착각이 들었다. 그러나 총을 놓고 돌아오니 전쟁터의 남겨진 사람들이 눈에 밟혔다. 내가 힘들다고 중간에 그만두면 평생 후회할 것 같은 기분이 들었다. 그렇게 하루하루 힘든 순간들을 견디다 보니, 파견 종료 시점에 지침이 내려왔다.

파견을 마칠 즈음 다행스럽게 많은 환자가 완치되어 집으로 돌아갔다. 파견 종료 시점에는 대한민국 국민으로서 자랑스러웠다. K-방역은 세계가 놀랄 정도였고, 현장의 중심에 있던 나는 체감도가 더 깊었다. 그러나 흐뭇한 마음도 잠시, 나는 선택의 갈림길에 섰다. 2주 동안 자가 모니터링을 전주시에서 하느냐, 혹은 대구의 지정 숙소에서 보내느냐는 것이었다.

코로나 사태에서 6주라는 시간은 마치 6년처럼 느껴졌고, 오랜 시간 집을 떠나있었으니 전주로 돌아가고 싶은 마음이 굴뚝같았다. 하지만 혹시라도 가족과 이웃에 2차 피해를 줄 수 있다는 생각에, 그리움을 잠시 접었다. 파견 뒤 2주라는 자가 모니터링 시간 동안 동료와 함께 홀가분한 마음으로 보냈다. 짧은 휴식이 인생에서 다시없을 정도로 달콤했다.

모니터링이 끝나는 전날, 가족과 곧 다시 만나자는 전화 통화로 하루를 시작했다. 이제 곧 집으로 돌아갈 수 있다는 부푼 기대감으로 짐을 정리하던 중, 나는 청천벽력 같은 소리… 내가 코로나 양성이라는 확진 통보를 받았다. 하루아침에 환자를 간호하던 사람에서 코로나 확진 환자가 된 것이다. 뭐랄까, 기분이 참 묘했다. 여러 가지 생각이 머릿속에서 맴돌았고, 수화기 너머에서 들려오던 '양성 판정'이라는 사실도 믿기지 않았다.

코로나 사태와 맞서 전쟁터에서 근무하던 나조차도, 막상 양성 판정자가 되어 보니 두렵고 하늘이 무너지는 듯했다. 머리로는 역학 조사를 위해 조사에 최대한 협조해야 하지만, 마음으로는 마치 내가 죄인이라도 된 듯했다. 오전 8시 대구시 남구보건소에서 전해온 확진 판정 전화를 시작으로, 오후 5시 전북대병원 음압병실에 도착하기 전까지 시간이… 너무 길게 느껴졌고, 외로웠다.

가족은 처음에 확진 판정을 받은 내가 장난치는 줄 알았다고 했다. 되묻고 되묻는 목소리에서 그들의 걱정이 고스란히 전해왔다. '국가의 배려를 받아 전북대병원으로 오게 되었다'라고 말한 뒤에야 나도 가족도 모두 내가 코로나 환자가 되었다는 사실을 믿어야 했다. 레벨D 보호복이 아닌 환자복을 갈아입으면서 기분이 이상했다. 간호사의 안내를 받아 침상에 누워 잠을 청하려고 했지만, 잠들 수 없었다. 그날은 그렇게 뜬눈으로 밤을 지새웠다.

전북대병원 격리병동에서의 31일

이제부터는 의료인이 아니라, 환자로서 시간을 견뎌야 했다. 막상 내가 환자복을 입고 음압병실에 있어 보니, 그동안 내가 돌본 환자들의 얼굴이 스쳐 지나갔다. 뭐랄까. 의료진의 상황에서는 이해할 수 없던 환자의 심리 상태라든가 내가 누리던 자유를 잃고 격리병동이라는 한정된 공간에서 치료받는 답답함 등을 이해하기 시작했다. 평범한 일상의 소중함과 함께 일하던 동료의 얼굴과

해 질 무렵에는 머리부터
발끝까지 얼음 물을
끼얹는 듯한 통증을 느꼈고,
동시에 가슴이 욱신거렸다.
창밖으로 출퇴근하는
간호사들의 모습을 보면서,
나도 저렇게 평범한
일상으로 다시 돌아가고 싶은
마음이 찾아들었다.

가족…. 막연했고 막막했다. 내가 다시 평범한 일상을 누릴 수 있을까라는 공포에 휩싸이기도 했다.

입원 전까지 확진 사실을 통보받기 전까지, 내가 코로나19에 감염된 사실을 전혀 눈치채지 못했다. 코로나 대표 증상인 고열이나 다른 통증이 없었기 때문이다. 내 건강 상태를 한 번도 의심하지 않았는데. 막상 CT 사진을 찍은 뒤 바이러스성 폐렴을 발견할 수 있었다. 무증상 감염의 위험성이 얼마나 심각하고 위험한지도 생각했다. 격리치료 기간이 늘어갈수록 극도의 무기력증이 찾아왔고, 입맛이 없어서 밥을 먹기도 힘들었다. 무엇보다 자유를 빼앗겼다는 사실이 고통스러웠다.

앞서 말했지만 치료받는 동안 심각한 우울에 시달렸다. 밖에서의 한 달과 병실에서의 시간은 큰 차이가 난다. 해 질 무렵에는 머리부터 발끝까지 얼음 물을 끼얹는 듯한 통증을 느꼈고, 동시에 가슴이 욱신거렸다. 창밖으로 출퇴근하는 간호사들의 모습을 보면서, 나도 저렇게 평범한 일상으로 다시 돌아가고 싶은 마음이 찾아들었다.

마치 평생 오지 않을 듯한 시간처럼 느껴졌다. 그런 생각에 빠지면 잠을 잘 수도, 밥을 먹을 수도 없었다. 보고 싶은 가족을 만나지 못한다는 사실에, 내가 할 수 있는 것이 없다는 무기력감이 송곳처럼 몸과 마음을 쑤셔댔다. 시간이 흘러갈수록 '내가 왜,

여기에 갇혀있어야 하나?', '내가 도대체 무슨 잘못을 했길래, 이런 벌을 받아야 하나?'라는 생각에 몹시 괴로웠다. 급기야 창문을 부수고 탈출하고 싶다는 충동까지 생길 때가 있었다.

코로나 사태 중심에서 현장 간호를 하던 내가, 그 치료 과정을 너무나 잘 알고 있는 내가, 환자가 되고 보니 그런 불안감이 갖는 고통이 아주 심각하다는 것을 알 수 있었다.

고독과 외로움, 공포감을 느낄 때 나를 돌봐주던 의료진들이 있어서 정말 고마웠다. 내가 돌봤던 환자들의 고통에 공감하는 동시에 치료하는 의료진들을 향한 감사의 마음이 교차하면서, 코로나라는 거대한 재난의 벽이 가져온 삶의 깨달음을 얻었다. 이 세상에 무엇 하나 소중하지 않은 것이 없고, 모든 사람은 그 자체로서 가치 있다는 생각이었다. 치료의 모든 과정을 알고 있는 간호사도 견디기 힘든 치료 과정인 만큼, 환자를 위한 작은 배려가 그들의 몸과 마음을 치유하는 큰 힘이 된다는 사실도 경험했다.

코로나는 시간과의 싸움이면서 동시에 마음의 상태와도 직결된다. 그러니까 치료받는 동안 받은 감정의 상처가 무엇보다 크고 위험한 요소가 될 수도 있음을 느꼈다. 그렇기 때문에 치료 과정 중에 내가 혹시 환자분들의 마음을 다치게 한 것은 없는지 돌아볼 수 있었다. 마음의 상처가 코로나보다 몇 배 더 무서운 것이란 걸 깨달았다.

다시 되찾은 일상의 소중함

다행스럽게도 31일 동안 치료 기간을 거쳐 일상으로 돌아왔다. 행운이라고 말하고 싶은 시간이다. 업무 복귀를 준비하며 또 다른 사회로 나아갈 준비를 하고 있다. 일상에서 가족과 함께 평범한 시간을 보내며, 소소한 행복의 중요성을 느끼고 있다. 나는 이제 이 소중한 시간을 헛되이 보내지 않으리라. 딸이 좋아하는 주말의 맥모닝, 커피 한 잔으로 평범한 일상으로의 복귀를 느끼고 있다.

병실에서의 고통스러운 시간을 그나마 버티게 도와준 것은, 밖에서 근심과 걱정으로 나를 기다리고 있을 사랑하는 가족들과 유일하게 시청한 드라마 두 편(〈디어 마이 프렌즈〉와 〈슬기로운 감빵생활〉) 그리고 가족들이 보내준 책들이었다. 〈디어 마이프렌즈〉를 통해 앞으로의 노년의 인생을 생각하는 계기가 되었다. 또한, 〈슬기로운 감빵생활〉을 보며 동료들과 산책시간과 업무시간이 있는 것을 보고, 그마저도 나는 부러웠다. 나는 사람이 그리웠으며, 사람들과의 시간이 얼마나 귀한 것인지를 깨달았다. 감사하게도 가족들이 들여보내준 책들을 읽으며, 내가 어떻게 선한 영향력을 이 사회에 줄 수 있을까에 대한 깊은 고민을 하는 시간도 가졌다.

코로나19는 전 세계에 재앙을 가져다주었다. 많은 사람이 목숨을 잃었고, 현재도 고통받는 사람이 많다. 소소한 일상의 행복을 무너뜨렸고, 사람과의 관계를 단절시켰다. 하지만 코로나는 우리 인간의 정신까지는 빼앗지 못했고, 절대 그러지 못함을 잘 알고 있다. 대구 사태를 직면하고 한 치의 망설임도 없이 간호사로 파견 기간을 보냈다. 반면 그러는 동안 코로나에 감염되어 확진 환자로서 시간도 견뎌야 했다. 코로나는 두 개의 삶을 살 수 있도록 기회를 주었다. 파견 기간과 자가격리 시간이 주마등처럼 스쳐간다. 힘든 시간 가운데 끝까지 희망을 놓지 않고, 코로나와 맞서 싸운 의료진들과 환자들에게 고마운 마음을 전한다.

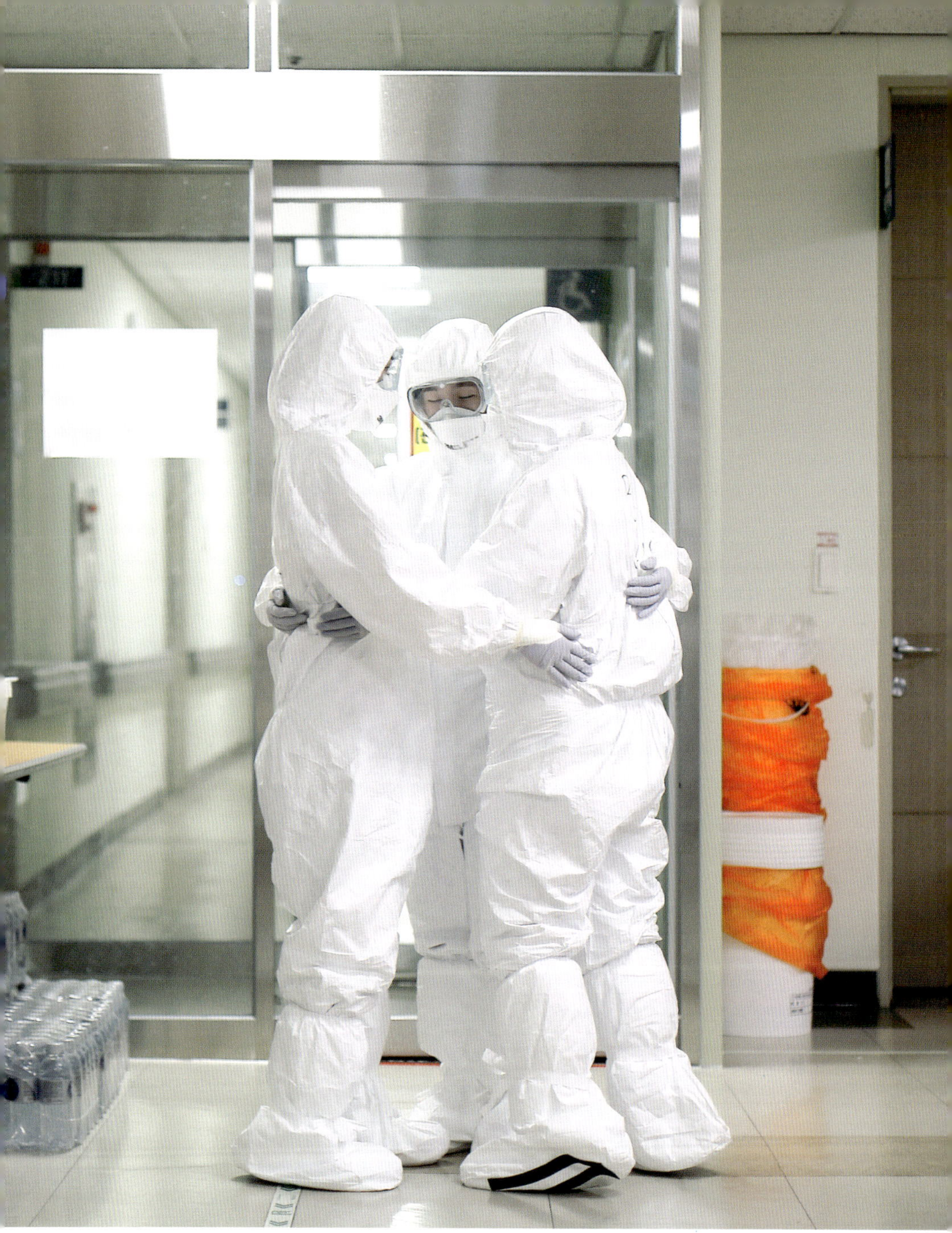

김홍식 | 대구보훈병원 방사선사

#수고했어_수고해 #교대시간_온기를나누는시간

순망치한(脣亡齒寒)
우리는 서로 도우며 함께 살아가는 동지입니다

김지선 | 영남대학교병원

간호사들은 항상 최전선에서 일한다. 환자와 보호자를 가장 많이, 제일 먼저 만난다. 함께 일하는 의료진과 동료와도 그렇다. 모든 의료활동에 필요한 물품을 조달하고, 실행을 위해 발 빠르게 움직인다. 병원에서 절대 없어서는 안 될 존재이다. 이런 간호사들은 수많은 응급상황을 겪으며 몸과 마음을 단련하여 숙련된 간호사로 거듭난다. 그런 능력 있는 간호사들도 마른침을 꿀꺽 삼키게 되는 때가, 바로 지금과 같은 범국가적 재난상황이다.

메르스가 한창 기승을 부리던 2015년, 신규 간호사였던 나는 감염내과 병동에서 근무했다. 지방에서 근무하고 있었기 때문에 메르스 확진자가 계속 발생한 서울과 경기권역에 비하면, 당시 상황을 크게 실감하지 못했다. 아마도 신규 간호사라서 큰 업무를 맡지 않았던 이유도 있을 것이다.

그렇게 시간이 흘러 2019년 5년 차가 되었다. 우리나라에서 첫 코로나19 확진자가 나왔을 때는 '조금 지나면 잠잠해지겠지? 유행이 크게 번지지 않아야 할 텐데'라는 생각으로 근무했다. 6년 차를 맞는 2020년은 크게 달랐고, 예상하지 못한 상황이 발생했다. 대구에서 확진자가 급속히 발생하면서, 말 그대로 '재난 위기' 상황에 놓였다.

거리에는 사람이 줄어들었고, 문 닫는 상점이 늘었다. 정말 한두 다리 건너면 아는 사람이 확진자였을 정도였다. 멀리 있다고 생각했던 코로나19가 우리 주변에 바싹 다가와 있었다. 예상하지 못한 코로나 사태로 의료계는 물론 사회 각 분야가 위기 상황을 맞았다. 특히 환자를 치료하는 우리는 앞으로 어떻게 인력을 운영할지, 치료는 어디서 해야 할지, 어떤 방식으로 대응해야 할지, 정말 아무 정보가 없는 상황이었다. 맨땅에 헤딩한다는 말처럼 모든 상황과 직접 마주했다. 정보를 수집하고 일하면서 동시에 지속적으로 소통하고 피드백을 주고받았다.

특히 내가 사는 대구에서는 '지역거점병원'을 만들어 주변 5개의 대학병원에서 간호사가 파견되었다. 그 인원에 포함된

나는 급한 대로 유튜브에서 레벨D 보호구 착·탈의 방법을 수십 번 돌려보았다. 그렇게 이미지 트레이닝을 한 후 떨리는 마음으로 근무에 투입되었다.

처음 파견근무 대상자로 선정되었을 때, 어느 정도 예상하였다. 그렇지만 '왜, 하필 나일까?'라고 생각도 했다. 김현아 작가의 책 〈나는 간호사, 사람입니다〉에 나오는 글처럼, 나 역시 무서웠고 가능한 피하고 싶은 마음도 있었다. 하지만 그것도 잠시, '내가 안 가면 다른 동료가 위험에 노출될 수도 있다'라는 생각이 들었다. 특히 '간호사라면 그 어떤 상황에서도 환자를 외면할 수 없다'라는 생각으로 파견근무를 결심했다. 부모님의 걱정과 반대, 그리고 함께 가지 못하는 동료 간호사의 미안함을 뒤로 한 채 파견근무를 시작했다.

지금까지 일하던 병원과 구조도 다르고, 더군다나 코로나 특수상황이라서 걱정이 앞섰다. 함께 파견 간 20명의 동료 간호사도 모두 긴장과 두려움이 역력했다. 파견근무지에 도착하자마자, 우리가 한 말은 "잘 할 수 있을까? 괜찮겠지?"라는 말이었다.

게다가 거점병원인 대구동산병원 소속 선생님들은 우리보다 며칠 일찍 근무를 시작한 탓인지 피곤함이 눈에 가득했다. 거점병원 선정 이후 병원 구조 바꾸는 것부터 침상 정리, 물품 구비, 프로토콜 수립 등으로 밤낮없이 일하며 간호업무도 도맡아 했으니 체력 소모가 엄청났을 것이다. 거기에 파견근무자들의 고충도 들어주며, 업무 시 불편한 점도 해결해 주어야 했다. 원래 업무의 최소 두세 배의 강도로 근무하고 있는 상황이었다.

보호구 착용 전 수술복으로 갈아입고, 앞선 근무자들의 후기를 들었다. 점점 코로나 최전선에 투입된 현실이 강하게 다가왔다. 영상을 통해 수십 번 착용법을 익힌 방호복도 너무 낯설었고, 제대로 착용한 것인지 의구심도 생겼다. N95 착용 뒤 제대로 착용했는지 여러 차례 테스트하고, 고글 끈을 조였다. 방호복도 꽁꽁 싸매서 최대한 피부가 노출되지 않도록 했다. 우리는 서로 방호복 주위를 빙빙 돌며 뜯어진 곳은 없는지 확인하고 또 확인했다.

근무 중에는 수백 번 손 소독제를 사용했고, 곳곳에 비치된 소독 티슈를 사용해서 감염에 철저하게 대비했다. 그리고 근무를 위한 착용도 중요하지만, 탈의가 더 중요하다는 말도 들었다. 무엇보다 땀에 젖은 방호복은 벗기가 어려웠고, 조심해서 벗다 보면 시간도 그만큼 오래 걸렸다. 피로도가 더 쌓이는 순간이기도 했다.

나는 62명이 입실할 수 있는 병동에서 근무했고, 한 조당 6인의 간호사로 구성되었다. 보호구 착용 뒤 2시간을 일하고 2시간 휴식시간을 가졌다. 업무 특성상 3인 1조로 2개 조가 근무하는 시스템으로 혼자서 돌봐야 할 환자가 20명이었다. 경증 환자들이 입원했지만 언제든 중증 환자로 악화될 수 있었다. 무엇보다 코로나19는 우리가 지금까지 경험하지 못한 바이러스였다. 피로와 두려움, 책임감 등 몇 가지 짐을 어깨 위에 올려놓고 일하는 듯싶었다.

평소에도 20명의 환자를 돌보기란 쉽지 않다. 그런데 보호구를 착용하고 20명의 환자를 돌보기란 상상 그 이상이었다. 고글에는 김이 서렸고, 바늘 사면이 보이지 않았다. 장갑을 두 겹이나 끼고 정맥 주사를 놓아 본 적 없으니, 혈관을 찾기 어려웠다. 방호복 안쪽으로는 쉴 새 없이 땀이 흘렀고, 눈에 들어가면 몹시 따가웠다. 보이지 않는 시야를 확보하면서 환자 응대를 했다. N95 마스크를 장시간 착용하고 두려움에 떨고 있는 환자를 진정시키는 일은 다반사였다. '환자와 접촉을 최소화'하라는 상황실 지시가 있었지만, 불안에 떨고 있는 환자를 외면할 수 없었다. 그렇게 무거운 장비를 착용하고 환자를 진정시키는 시간이 갈수록 늘었다.

특히 병원 내부에는 환자와 간호사들뿐이라 돌발 상황 시 대처에 애를 먹었던 기억이 난다. 평소와 다른 근무 환경에 우리 스스로 해결책을 찾아 일할 수밖에 없었다. 무엇보다 내가 해야 할 몫은 내 근무 시간 중에 끝낼 수 있도록 바삐 움직였다. 그렇지 않으면 다음 근무자가 나로 인해 더 힘들어지기 때문이다.

경증 환자 위주의 운영이라 조금 안심할 수 있었지만, 돌발 상황이 발생하기도 했다. 걸어서 입원한 환자가 호흡곤란 증세를 보였고, 산소포화도 측정도 78% 밖에 나오지 않아서 급히 산소 치료가 필요했다. 하지만 확진자가 너무 많았고, 추가로 오픈한 병동에는 필요한 물품이 없었다. 간신히 중환자실로 전실하여 치료를 시작해서 위험을 넘길 수 있었다. 코로나19 특성상 다음 교대 근무자가 필요 물품을 조달하는 방식으로 일했는데, 이런 응급 상황이 발생하면서부터 응급카트가 병동마다 비치되는 등 해프닝도 있었다.

누가 그랬더라. '인간은 적응의 동물이다'라고. 다음날이면 우리는 전날의 기억을 잊은 듯 바쁘게 움직였고, 그렇게 시간이 흐르면서 불편함도 많이 해소되었다. 2월은 여전히 추위가 기승을 부릴 때였다. 방호복 탈의 후 땀에 젖은 상태에서 추위에 노출되면 자칫 건강이 상할 수도 있었다. 그럴 때 각계각층에서 물품 등 지원의 손길이 이어졌다. 힘든 상황이나 불안감을 극복하는 힘은, 사람에게서 나온다는 말을 실감했다. 멀리서 보내온 온정에 그 차가운 계절을 지탱할 수 있었다.

코로나 초기에는 바이러스 전파력이 강한 질환이라는 점 때문에 많은 사람이 외출을 꺼렸다. 우리는 특수한 상황에서 일하기 때문에 '혹시 내가, 슈퍼 전파자가 되는 건 아닐까?'라는 걱정을 달고 살았다. 내가 감염되면 가족뿐만 아니라 함께 일하는 동료와 병원 모두에게 피해를 주기 때문이다. 지역 및 병원 차원에서 연계해 준 근처 호텔에서 묵으며 비교적 편하게 출퇴근할 수 있게 되었다. 하지만 늦은 시간 일을 마치고 돌아오면 몸은 파김치가 되어 쓰러지기 마련이었다. 하지만 혹시 모를 걱정 때문에 몸을 씻고, 소독제를 사용한 뒤에야 지친 하루를 끝낼 수 있었다.

코로나 사태가 언제까지 지속될지, 파견근무는 언제까지 이어질지 아무도 모르는 상황이었다. 거점병원으로 2일 차 근무를 마치고 오니, 3일 차부터는 본원에서도 확진자 병동을 오픈하기 때문에 복귀하라는 연락을 받았다. 다음날 본원은 거점병원과는 다른 시스템으로 운영되었고, 클린존과 오염구역을 분리하였다. 오염구역에서만 방호복을 입고 직접 환자를 대면하였고, 클린존에서는 간호사들이 처방을 받고 필요한 물품을 지급하는 방식이라서 좀 더 효율적으로 일할 수 있었다.

모든 환자는 병실 밖으로 출입이 엄격하게 금지되었고, 의료진들도 출입을 최소화하기 위해 노력했다. 초반에는 내부인력으로만 운용하다 보니 채혈업무 등도 간호사가 주사를 놓으며 대신하였는데, 추후 외부지원인력이 충원되면서 업무 강도가 조금씩 낮아졌다. 병원의 배려로 업무 공간과 휴게 공간을 아예 다른 층으로 구분하여 조금 더 편하게 휴식을 할 수 있었다. 이동

통로도 제한하였고, 음압텐트 사용 등으로 환자의 검사 이동 시에도 감염에 각별히 유의하며 근무했다.

동산병원으로 파견 나갔던 우리는 본원 선생님들에게 방호복 착·탈의 방법과 감염을 최소화하고, 피로도를 줄이면서 일하는 방안 등 간단한 정보도 서로 나누며 공유했다. 모두가 힘든 상황이었고, 방호복을 착용하고 근무하는 것이 얼마나 힘든지를 알기 때문에, 서로 돕고 서로 응원하면서 힘든 시기를 버텼다.

어느 정도 업무가 익숙해지자, 환자들의 사연이 눈에 들어오기 시작했다. 부부 모두 확진 판정을 받아 입원한 상태에서 아내가 치매환자라 걱정된다며 항상 안부를 묻는 남편도 있었다. 우리는 부부를 위해 병실을 오고 가며 안부를 전해주는 비둘기 역할도 했다. 무엇보다 환자의 심리적 안정이 중요하다는 것을 알고 있었기 때문이다.

하루는 업무 중 전화 한 통을 받았다. 한 환자의 보호자였는데 면회가 완전히 제한된 상태에서 환자와 전화로만 소통하니, 상황을 알 수 없어 걱정과 불안감이 가득한 목소리였다. 얼굴도 못 보는 상황에 알 수 없는 질병과 싸울 환자가 얼마나 걱정되었을까. 직접 얼굴을 볼 수 있다면 불안감이 덜했을 텐데. 전파력 때문에 면회도 절대 불가하니 소통할 수 있는 창구는 병동 전화밖에 없었다. 애써 두려운 마음을 감추며 전화를 한 보호자를 안심시킬 방법은,

이번 코로나19 파견근무를
통해 나는 또 한 번 느꼈다.
우리 간호사들은 국민에게
없어서는 안 될 존재이지만,
서로에게도 너무나
필요한 존재이다.

믿음을 주는 것밖에 없다는 생각뿐이었다.

그래서 나는 단호하지만 자신 있는 어투로, “가장 최측근에서 환자를 보는 사람이 저희 의료진들입니다. 우리는 정말 최선을 다하고 있습니다. 그러니 저희를 믿고 보호자도 걱정 마시고 건강 잘 챙기세요”라고 말했다. 수화기 너머 보호자는 울먹이는 목소리로 “감사합니다. 고맙습니다. 수고가 많으십니다”라고 답하면서 눈물을 삼켰다.

언론에서는 하루도 쉬지 않고 코로나19 관련 내용을 보도하고, 의료진들의 노고에 관해서도 대서특필했다. 이제라도 우리 동료의 고생이 세상에 알려져서 기뻤다. 앞으로 코로나19에 맞서는 간호사들의 처우가 조금 더 개선될 수 있겠다는 기대감이 들었고 이는 힘든 매일매일의 업무 속에서도 큰 힘이 되었다.

함께 한 모든 선생님이 너무 자랑스럽다. 거점병원 파견근무를 단 이틀만 하고 돌아가며, “오래 함께하지 못해 죄송합니다. 힘드실 텐데 선생님들 건강 생각하며 일하세요. 정말 수고 많으십니다. 건강하세요!”라고 마지막 인사를 건네자 “다음에 혹시 영대병원에 일이 생기면 버선발로 달려갈게요. 와 주셔서 정말 감사합니다. 고생 많으셨어요”라고 말하는 대구동산병원 선생님들을 잊을 수 없다. 솔직히 다른 병원에 근무하면 교류할 일이 잘 없는데 이번 기회로 다른 병원, 다른 지역의 다양한 간호사 선생님들과 소통했다. 우리는 서로 이 무시무시한 질병을 이겨내자는 같은 마음으로 이곳에 모였다는 사실이 정말 뿌듯했고 감사했다. 정말이지 내가 할 수 있는 모든 방법으로 선생님들의 노고에 감사드리고 싶은 마음이다.

본원에서도 환자가 많이 줄어 파견근무를 마치고, 기존 병동으로 돌아가는 날, 같이 일했던 선생님들께 편지 한 통을 썼다. '먼저 돌아가게 되어 죄송합니다. 끝까지 함께하지 못하지만 항상 응원하겠습니다. 선생님들의 건강이 우선이니 항상 안전에 유의하며 근무하세요!'

출근해서 내 편지를 본 선생님들이 '이런 힘든 상황에 만나게 되어 안타깝지만, 덕분에 너무 편하게 근무를 할 수 있었다. 정말 고마웠다'라고 인사할 땐 눈물이 핑 돌았다. 정말 좋은 선생님들을 많이 만났고 모두 힘든 상황에서도 서로 배려하는 마음에 감동했으며, 말 그대로 '전우애'가 생겨 함께라면 뭐든 두렵지가 않았다.

'순망치한(脣亡齒寒)', 최근 가장 마음에 와닿은 사자성어다. '입술이 없으면, 이가 시리다'라는 뜻으로 '서로 도우며 떨어질 수 없는 밀접한 관계'를 의미한다. 이번 코로나19 파견근무를 통해 나는 또 한 번 느꼈다. 우리 간호사들은 국민에게 없어서는 안 될 존재이지만, 서로에게도 너무나 필요한 존재이다. 각자 상황이 다름에도 발 벗고 나선 멋진 사람들. 방호복을 입고 지쳐 가는 동료들을 위해, 또 알 수 없는 질병에 두려워하는 사람들을 위해 나의 지식을, 나의 체력을 쏟아 부은 영웅들이 있어 우리는 오늘도 한 걸음 더 성장해 나가고 있다. 사명감만으로는 힘든 이 일을 모두 잘 해나가고 있음에 감사하며, 앞으로 간호사의 처우나 인식이 좋은 방향으로 개선될 수 있길 간절히 바란다. 또한 당신들의 용기와 헌신에 한 사람의 국민으로서, 또 직접 몸담았던 한 사람으로서, 나와 나의 동료들에게 아름다운 날들만 가득하길 바란다.

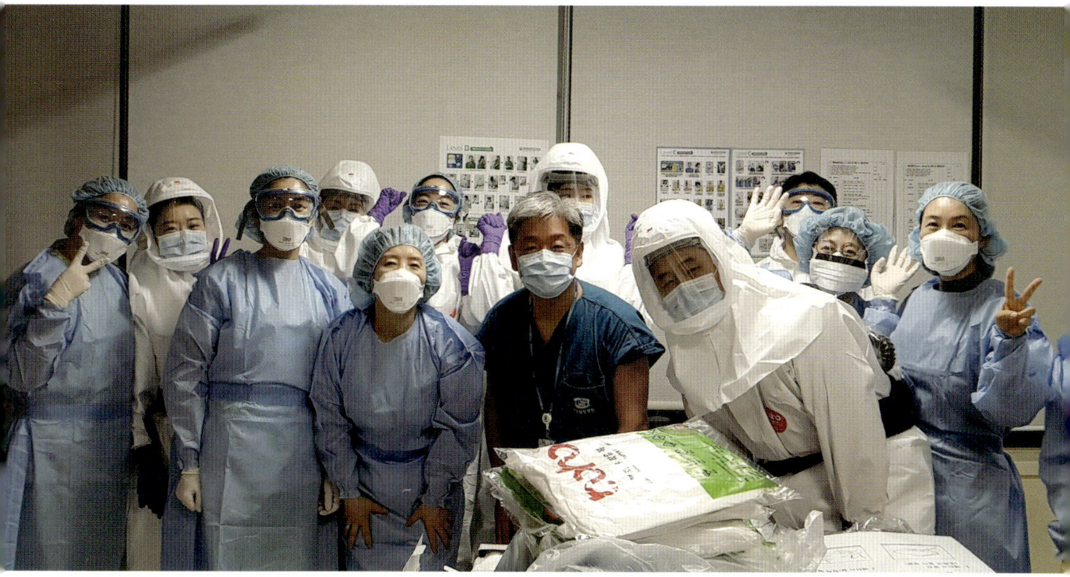

임정인 | 서울성모병원

#함께라면

#우리는_간호어벤져스다

코로나와 함께한 시간들, 코로나를 이겨낸 사람들

이주리 | 대구가톨릭대학교병원

코로나 관리 병동의 서막

"주리야, 큰일 났어! 너희 병동이 폐쇄되었다는 전화 안 왔어?"

출근하기 위해 자동차 시동을 켜고, 근무표를 확인하다가 받은 전화였다. 중환자실에서 함께 근무하는 친구의 목소리에서 다급함이 묻어났다. 2월 19일 오후는 마치 하나의 경계선처럼, 우리의 일상을 '코로나 전후'로 갈라놓았다. 신규 간호사 교육을 위해 나흘간 교육지침서와 씨름하면서, '아, 교육보다 나는 현장 체질이야'라고 생각하던 참이었다. 친구의 전화를 끊고 나서도 식은땀이 멈추지 않았다.

얼마 전 감염관리 실장님과 나눈 대화가 떠올랐다.

"코로나 확진자가 발생하면, 우리 호흡기병동에서 맡아야겠죠? 음압병실도 있고, 당연히 우리가 간호해야지요."

실장님과 나는 중국 우한에서 발병한 코로나가 확산되던 시기여서, 이제 먼 나라 이야기가 아니라며 생각했다. 그 우려가 현실로 눈앞에 다가왔다. 다급한 마음으로 여러 차례 전화 통화를 시도한 뒤, 간신히 병동과 연락이 닿았다. 함께 근무하는 후배 간호사는 출근하지 말고 기다려야 된다는 얘기만 했다. 불안한 마음이 더 커졌다. 후배 간호사들이 병동에 있는데, 그냥 이렇게 손 놓고 있을 수만은 없다고 생각했다. 두 시간이 지날 무렵 간호처에서 연락이 왔다. 관리병동을 열어야 하니, 출근하라고 했다. 나는 가족들이 걱정할 수 있으니, 자세한 얘기는 하지 않고 병원으로 향했다.

생각보다 상황이 심각했다. 병동 입구에는 폐쇄 문구가 붙어 있었고, 가림막이 설치되었다. 간호사와 호흡기내과 교수님 모두 지친 모습이었고, 잔뜩 겁먹은 채 울먹이는 후배 간호사를 다독이며 위로했다.

나를 지켜주는 공포의 방호복

관리병동 구축을 위해 음압기와 투석기 설치, 폐기물처리시스템 등이 갖추어졌고 격리 환자와 의료진을 위한 장비와 시설물이 마련되었다. 병실 내 음압기 소음으로 종일 귀가 멍했고, 마스크를 착용했지만 소독제 냄새가 강해서 계속 속이 울렁거렸다.

특히나 방호복은 땀과의 전쟁이다. 땀이 멈추지 않고 흘러서 옷은 몽땅 젖었고, 머리카락은 뒤범벅이 되었다. 화장실을 가기도 힘들어서 물이나 커피를 마실 수도 없었다. N95 마스크를 장시간 착용하면 코가 막히고 입안은 쉽게 건조해졌다. 끈이 닿는 귀 뒤쪽은 벌겋게 닳았고, 콧잔등이 항상 붉게 헐어 있었다. 바이러스로부터 나를 보호하는 장비는, 그만큼 혹독한 대가를 치러야 했다.

보호안경은 땀과 습기로 따가웠고 시야 확보가 불편했다. 안압이 올라간 한 의료진은 안과에서 수영을 배우냐는 얘기를 들었을 정도였다. 보호안경의 압박은 수경의 압력만큼이나 높은 듯싶었다. 의료용 방독면 PAPR은 신선한 공기를 공급했지만, 허리에 기계를 차고 있어야 하기 때문에 허리와 무릎에 그 무게가 고스란히 전해졌다. '일상'이란 단어가 주는 행복이 가장 무겁게 겹칠 때가 '방호복을 입는 순간'이다. 방호벽을 입는 순간이 코로나 전쟁터로 향하는 지점이기 때문이다. 한동안 악몽에 시달렸다. 누군가 입과 코를 막고 있는 듯해서 잠을 설치곤 했다. 방호복은 나를 지켜주는 도구인 동시에, 내가 견디어야 하는 짐이기도 했다.

전쟁터, 그 속에 나의 일과

"정 주면 안돼! 나중에 마음이 아플 수 있어. 우리 일이 냉정을 잃어서는 안 되잖아."

와상 환자들은 대부분 거동이 불편하거나 연세가 많은 노인분들이다. 그분들은 삼시세끼를 떠먹이고, 기저귀를 갈아주고, 세수와 머리를 감기는 등 가족처럼 돌봐야 한다. 지친 병실 활동 가운데 후배들과 이야기를 주고받을 때가 있는데, 나는 그때마다 후배들에게 "정 주면 안된다. 냉정을 잃어서는 안된다"라고 자주 말하곤 한다. 하지만 그게 어디 말처럼 쉬운 일인가. 늦은 밤 퇴근하고 집에 들어서는 순간 눈물이 나고, 우울감이 지속되기도 했다. 그럴 때마다 가족이 응원과 격려를 해주었다. 누군가를 돌본 하루가 가족에게 받은 위로로 치유되던 나날이었다. 하지만 퇴근 뒤에도 혹시 모를 감염 때문에 혼자 방을 쓰면서, 밥도 혼자 먹곤 했다. 쉬는 날은 종일 방에서만 지냈다. 코로나 관련 뉴스만 보게 되고, 확진자가 줄어들기를 바라는 마음만 컸다. 그렇게 코로나는 우리의 일상 곳곳에 벽을 만들어놓았다.

빈 병실에 남은, 어떤 그리움

20일째 입원 중인 오십 대 환자는 오늘도 어김없이 전화를 붙들고 싸운다. "내 아들도 당장 입원시켜줘! 안 그러면 신고할 거야!"라면서 보건소와 시청에 수시로 전화한다. 그분의 하루는 전화로 시작해서 전화로 끝날 정도다. 경증 환자의 입원시설이 부족해지면서, 자가격리되는 환자들이 많이 늘었다. 부모는 자식이 걱정되니 계속 민원을 제기하고, 의료진에게 빨리 집에 보내달라고 항의도 한다. 긴 시간 가족도 볼 수 없고, 갇힌 공간에서 생활하다 보면 우울감에 시달리기도 한다. 심지어 화를 참지 못하고 사소한 일로 다른 환자들과 싸우기 일쑤다. 심리지원 프로그램으로 안정을 유도하지만, 환자들은 빨리 나가고 싶은 마음을 좀처럼 참지 못한다. 이해할 수 있는 상황이지만, 치료에 도움이 되지 않으니 그저 안타까울 뿐이다.

어느 날 조현병을 앓고 있는 긴 생머리의 중년 여성이 입원했다. 가족이 없고 유일한 혈육으로 오빠가 있었으나, 연락하지 않고 지낸다고 했다. 허리까지 내려오는 긴 머리카락은 오래도록 감지 못했는지 수세미처럼 뒤엉켜 있었다. 우선 머리부터 감기고 머리카락도 정리하고 묶어주었다. 질문마다 아무 반응이 없던 환자가 그제야 기분이 좋아졌다며 말문을 열었다. 그 뒤부터 다행스럽게도 밥도 잘 먹고, 건강도 호전되었다.

허리를 다친 87세 할머니가 입원했다. 자주 침상에서 내려오려고 하니, 간호사들이 라운딩하며 집중 관찰했다. 설사로 기저귀 발진이 아주 심한 상태였다. 수시로 몸을 씻기고 약을 발라주니 상태가 좋아졌다. 조금씩 설사도 멈추었고 식사도 잘하시니, 허리 통증이 줄면서 걸을 수 있게 되었다. 할머니는 항상 창밖을 바라보며

'일상'이란 단어가 주는
행복이 가장 무겁게 겹칠 때가
'방호복을 입는 순간'이다.
방호복을 입는 순간이
코로나 전쟁터로 향하는
지점이기 때문이다.

먼 곳에 시선을 놓아두었다. "강원도에 가야 하는데… 정선에 가야 하는데… 여기서 걸어서 얼마 안 되는데… 감자도 캐야 하고, 바쁜데…"라고 말하곤 했다. 할머니는 치매도 앓고 있었다. 그러니 자주 고향이 바뀌었다. 할머니가 살아오신 모든 공간을 고향처럼 기억하고 있는 듯했다. 어느 날은 인천 할머니, 또 다른 날은 강원도 할머니, 그러다가 어느 날은 "나는 고향이 어딘지 몰라"라고 하셨는데, 그때마다 마음이 편치 않았다. 얼마 지나지 않아 할머니는 완치되어 강원도로 퇴원했다. 할머니는 이른 아침부터 곱게 머리를 단장하고 보자기에 짐을 쌌다. 할머니는 치매요양병원에서 지내는 동안 매일 보따리를 쌌다. 아들 보러 간다며 매일 싼 보따리를 들고, 환하게 웃으며 할머니는 강원도로 떠났다.

누군가의 임종을 지켜보는 마음

경증에서 중증 환자까지. 치매나 골절 환자, 정신질환을 겪는 환자 등 여러 증상을 앓고 있는 확진자들이 음압텐트에 실려 입원하였다. 경증 환자는 다행히 병실에서 휴대폰을 벗 삼아 적응하는 편이다. 그러나 경증에서 중증으로 급격히 악화된 모습을 보면, 의료진도 순간 불안감을 느낄 수밖에 없다. 코로나는 환자도 의료진도 모두 처음 접하는 병이라는 것을 알고 있지만, 상태가 악화된 현장을 보면 혼란스럽다. 하지만 우리는 곧, 환자의 증상에 맞게 치료와 간호에 매진하고 또 매진했다.

노인 환자의 경우 기저질환과 급격한 상태 악화에 처하면, 심폐소생거부 즉, DNR을 원하는 경우 편안한 임종을 위한 임종실이 마련되었다. 95세 여자 환자가 처음으로 임종실로 옮겨졌다. 이름을 부르면 겨우 눈을 뜨는 정도였고, 상태 악화 이전에는 간단한 대화를 할 수 있었다. 그마저도 난청으로 인해 긴 대화는 어려웠다. 오 남매를 둔 환자는 매일같이 딸과 손자, 손녀로부터 편지를 받았다. 난청이 있지만 큰소리로 얘기하면 들을 수 있다는 말을 자녀들에게 들었다.

그 뒤 우리는 매일 편지를 읽어드렸다. 큰소리로 읽어야 하는데, 자주 목이 메어 읽기가 쉽지 않았다.

'엄마, 고마워. 사랑하고 편안히 치료 잘 받고, 퇴원하면 온천도 가고 꽃도 보러 가자.', '할머니 나야. 할머니가 보고 싶어. 다시 꼭 만나요.'

그리움이 가득 담긴 편지를 읽다 보면, 우리들의 얼굴은 땀과 눈물로 뒤덮여 있곤 했다.

다음날 보호자와 임종 전 면회를 하기로 결정했다. 오십 대 후반의 딸이 면회를 왔다. 주의 사항을 전한 뒤 방호복을 입고 임종실로 함께 들어갔다. 90대 노모를 대면한 딸은 그 자리에서 대성통곡하며 엄마를 외쳤다. 간신히 보호자를 진정시키고, 가족들이 전하고 싶은 얘기를 할머니에게 전해드리도록 했다. 환자는 겨우 눈을 떴지만, 이야기를 나눌 수는 없었다. 딸은 엄마에게 "우리 형제들 잘 키워줘서 고마워. 엄마 고생했어"라며 눈물을 흘렸다.

호흡기병동에 있는 환자들은 만성 질환자로 이미 가족들이 어느 정도 마음의 준비가 된 상태에서 사망하는 경우가 많다. 그러나 부모의 죽음 앞에서는 모든 슬픔이 똑같은 무게를 지닌다. 마음의 준비도 미처 하지 못한 채 전화로 사망 소식을 들어야 하는 경우도 있다. 코로나 때문에 일어나는 가슴 아픈 일이 너무 많다. 딸은 엄마가 편안할 수 있게 돌봐주어서 고맙다며, 의료진들에게 고개 숙이며 고마움을 건넸다. 딸을 만나고 난 다음 날 할머니는 편안한 모습으로 돌아가셨다. 환자와 정이 든 간호사들은 눈물을 훔쳤고, 때론 아무도 없는 곳에서 슬픔을 삼키기도 했다. 20년 차인 나도 이렇게 슬프고 가슴 아픈데, 이제 20대인 젊은 간호사들은 그 마음이 어떨까 싶어 안쓰러웠다. 간호사는 생명을 살리기도 하지만, 떠나가는 생명을 지켜보기도 한다. 간호사라는 이유로 죽음을 무덤덤하게 받아들이라고 말하기에는, 실로 고통스러운 일이 아닐 수 없다.

얼마 뒤 또 한 명의 환자가 임종실로 옮겨졌다. 남편과 함께 입원한 환자였는데. 남편은 완치 뒤 퇴원했지만, 본인은 상태가 악화되었다. 우리는 가족들에게 DNR(심폐소생술거부) 동의를 받은 뒤 아들이 임종 전 면회 하기로 결정했다. 방호복을 입은 아들은 엄마 앞에서 아무런 말도 없었다. 그저 하염없이 눈물만 흘렸다. 환자는 아들이 떠나고 난 뒤 잠시 의식이 돌아왔다. 우리는 아들이 다녀간 것을 알고 있는지 물었더니, 고개를 끄덕였다. 환자는 남편의 건강을 걱정했다. 의식이 다시 돌아올 때마다 남편 이름을 부르던 환자는 며칠 뒤 돌아가셨다.

내 생애 첫 방송

뉴스에서 촬영을 나왔다. 코로나19 사태와 관련하여 의료현장에서 활동하는 간호사와 의료진을 카메라에 담는다고 했다. 환자를 돌볼 시간도 부족하다며 서너 차례 거절했지만, 국민이 자세히 알아야 더 조심할 수 있다는 말에 촬영에 임했다. 방호복 착·탈의 모습, 관리병동 내 의료진 활동을 촬영했다. 다시 얼마 뒤 방송국에서 리얼다큐를 찍는다고 연락 왔다. 이른 아침부터 카메라가 관리병동을 밀착취재했다. 담당 PD도 처음 방호복을 입어서 그런지 연신 땀을 흘렸다. 말로만 듣던 의료진의 활동과 고충을 짧지만 체험하고 나니, "정말 대단하세요. 종일 어떻게 견디시는지 놀랍습니다"라며 진심으로 응원해주었다.

간호하는 우리의 활동 모습과 방호복을 벗고 짓눌린 얼굴이나 땀에 흠뻑 젖은 모습을 담아 갔다. PD가 리얼하게 촬영할 거라고 말했지만, 그가 먼저 혀를 내둘렀다. 인간이 견디기에 너무 고통스럽다고도 했다. 병동의 긴급한 상황과 일상의 소소한 모습을 인터뷰하고, 카메라에 담아 갔다.

TV를 보고 난 뒤 여러 곳에서 연락을 받았다. 누군가는 우리를 향해 '영웅'이라고 말하고, '천사'라고도 말한다. 우리는 그런 소리를 들을 때마다 병상에서 마지막까지 용기와 희망을 잃지 않는 환자분들이 들어야 할 소리라고 말한다. 그러는 한편 TV 속에 나온 우리 모습을 보니 자랑스러웠다. 그날 나는 말없이 함께 일하는 후배 간호사들의 어깨와 등을 쓰다듬어 주었다.

마음과 마음으로 이어진 기부행렬

울산에 거주하는 여학생이 선물을 보내왔다. TV에서 방호복 때문에 머리카락이 땀에 젖어 있는 모습을 보고, 손수 헤어밴드를 만들었다고 한다. 스포츠 의류 브랜드에서는 땀 흡수에 좋은 의류도 기부하였다. 의료진을 위해 음료와 간식 등 기부 행렬이 이어졌다. 여러 기업에서는 홍삼, 비타민 등 건강보조식품으로 의료진들의 체력 보충에 많은 도움을 주었다. 병원에서는 직원들을 위해 인력, 물품 지원을 아끼지 않았다. 힘든 시기에 모두 하나 되는 것을 한 번 더 느낄 수 있었다. 국민에게 받은 응원 에너지를 모아서, 우리는 코로나와 맞서는 데 더 쓰기로 했다. 몸은 갈수록 힘들지만, 마음은 그렇지 않다.

언젠가 오늘을 떠올리며

5월이 다가온다. 조금씩 끝이 보이는 듯하지만, 긴장의 끈은 놓을 수 없다. 완치 후 퇴원하는 환자도 늘고, 지역 내 확진자도 감소하고 있다. 겨울옷을 입고 관리병동으로 출근해서 이제는 반팔을 입는 계절로 바뀌었다. 우리 병동 11층에서 길 위에 핀 벚꽃을 구경하다가, 이제는 아카시아 꽃을 바라본다. 아직도 사회적 거리두기와 마스크 착용 등 생활 지침을 지켜야 한다. 하지만 언젠가 코로나가 사라지고, 예전의 병동으로 돌아가리라 믿는다. 그때는 방호복 없이 핑크색 근무복을 입고, 환자들도 가족을 편하게 만날 수 있으니 더 이상 외롭지 않을 것이다.

코로나19 관리병동에서 근무한 경험이 오래도록 남을 듯하다. 절대 있어서는 안되지만, 또다시 언젠가 코로나와 같은 질병과 위기가 닥치면 '오늘을 떠올리며 밑거름 삼을 수 있다'는 생각도 한다. 위기는 기회를 만든다는 말이 있다. 이 말은 곧, 위기를 극복한 사람에게 신이 주는 선물이 기회라는 뜻인지도 모른다. 흐린 날 뒤에 반짝이는 햇살처럼, 곧 그런 날이 찾아오리라 믿는다.

정은별 | 대구동산병원

#힘들수록씩씩하게

#엄마걱정마

#가족의걱정을뒤로하고

새내기 간호사의 코로나 분투기

우리는 끝까지 함께한다

신혜민 | 영남대학교병원

2020년에도 코로나19는 전 세계의 건강권을 침범하며, 내 삶의 터전인 대한민국과 대구를 송두리째 흔들어 놓았다. 2월부터 약 70여 일 동안 코로나 치료병동에서 근무했다. 그러는 동안 함께 일하던 선배 간호사가 코로나19 확진을 받았고, 나는 자가격리자가 되었다. 코로나 현장에서 바쁘게 생활했고, 그간의 노고에 대한 휴식이라 여기며 혼자만의 시간을 보냈다. 그러는 가운데 그동안의 일을 기록으로 남기면 좋겠다고 생각했다.

지난해 중국 우한에서 발생한 '우한 폐렴'이 올해 초부터 '코로나19'로 바뀌면서, 세계 모든 나라가 공포에 휩싸였다. 결국 세계보건기구는 팬데믹을 선포했다. 내가 근무하는 곳은 호흡기내과

병동이기 때문에 늘 마스크를 착용한 채 긴장 속에서 일했다. 지난 2월 17일 대구에서 31번 확진자가 발생했다. 걱정이 현실로 나타났고, 대구뿐만 아니라 대한민국 전체가 코로나 비상이 걸렸다.

동산병원이 코로나 거점병원으로 지정되었지만, 수백 명에 달하는 확진자가 발생하니 수용할 수 없었다. 권역호흡기센터를 운영하는 우리 병원은 코로나19 확진 환자를 수용하기로 결정했다. 병원 안 모든 부서가 숨 쉴 틈 없는 준비에 들어갔다. 특히 우리 병동은 결핵 환자를 위한 음압병실이 있어서, 가장 먼저 코로나 치료를 위한 병동으로 바뀌었다.

누구나 코로나로부터 안전할 수 없는 상황이다. 두려움이 만연한 사회 분위기 속에서 병원의 모든 직원은 레벨D 보호 장구를 착용하고, 확진 환자를 치료할 준비를 마쳤다. 2월 21일 저녁, 첫 환자가 음압텐트에 실려 입원했다. 당시 나는 단체 카톡방을 통해 소식을 접했다. 현장에 있는 간호사는 한편의 재난영화처럼 긴급했다고 말했다. 하얀색 레벨D 보호 장구를 착용한 구급대원들이 음압텐트를 끄고 병동 문을 들어설 때, 말로만 듣던 코로나와 직접 맞서야 할 순간임을 느꼈다고 한다. 당시 중압감과 긴장은 말로 표현할 수 없는 정도였다.

한 명의 확진 환자가 가진 위기감은 놀라울 정도로 무거웠다. 환자 상태를 체크할 소수 인원만 남고, 동료 대부분이 다른 근무

처로 지원을 나갔다. 나는 2월 24~25일 이틀간 응급실로 출근했다. 평소 응급실은 환자가 넘치고 분주했다. 하지만 지금 상황은 적막이 감돌았고, 모든 의료진과 직원들의 얼굴에는 긴장감이 잔뜩 묻어 있었다. 언제 어디서 코로나19 확진 환자가 발생할지도 모르고, 고글과 N95 마스크, AP 가운(일회용 비닐 가운)을 근무시간 내내 착용했다. 바로 그날 응급실 재원 환자 가운데 코로나 확진 환자가 발생했고, 곧 응급실은 폐쇄되었다. 믿기 힘든 일이 연이어 발생했다. 다음 날 20여 명의 확진 환자가 입원한다는 소식을 접하고, 바로 병원으로 향했다. 병동은 마치 폭풍전야처럼 긴장감이 흘렀다.

나는 신입 딱지를 갓 뗀 간호사였지만, 선배 간호사들과 함께 하루를 한 달처럼 보냈다. 그렇게 70여 일간 코로나 치료병동에서 근무는 잊을 수 없는 경험이었다. 메르스가 일반으로서 경험한 바이러스라면, 코로나는 병원 현장에서 직접 체험한 간호 활동이기 때문이다. 나는 전쟁터 최전선에 파견된 풋내기 군인이었다. 하지만 적군의 눈에는 모두 똑같은 군인으로 보이듯이, 환자의 눈에도 모두 같은 간호사로 보일 것이다. 간호 경력과 상관없이 '환자를 돌보는 간호사'이기에, 나는 무거운 책임감을 안고 일했다. 무엇보다 서툰 실수를 하지 않기 위해 남들보다 더 신중했고, 꼼꼼하게 간호 활동을 펼쳤다.

우리 병원으로 이송된 환자들은 대부분 젊고 경증 환자였다. 기저질환을 앓고 있지 않았고, 열과 기침 정도의 증상을 보였다. 하지만 격리된 환자들의 심리는 그렇지 않아 보였다. 연일 방송에서 코로나 감염 확산을 다루면서, 증세가 악화된 환자들 소식이 쏟아졌다. 그래서일까 환자들의 불안과 불만도 날이 갈수록 심해졌다.

N95 마스크와 고글, 레벨D 방호복을 입으면 체력적으로 힘들었다. 게다가 점점 불만이 쌓인 환자들은 신경질적이고, 밤낮으로 환자를 치료하는 마음을 몰라주는 듯해서 조금 서운했다. 어느 날은 그러지 말아야지 하는데도, 조금 날이 선 상태로 환자를 대면하기도 했다. 그런 다음이면 아무도 없는 곳에서 나를 꾸짖고 자책했다.

그러던 어느 날이었다. 입원할 때부터 예민하게 행동한 환자가 있었다. 하루에도 몇십 번씩 콜벨을 눌러, 간호사들과 의료진을 지치게 했다. 라운딩 중 흐느껴 울고 있는 아주머니를 보게 되었다. 몇 번의 검사에도 계속 양성이 나오는 현실 앞에 무너진 것이다. 다시는 집에 돌아가지 못하면 어떡하냐며 흐느꼈다. 매일 짜증 내던 아주머니를 다독이면서, 어쩌면 이런 상황이라면 누구라도 심리적 불안감을 느낄 것이라고 생각했다. 그 뒤로 환자를 대하는 마음이 달라졌고, 간호사로서 조금 더 성장한 듯했다.

대다수 경증 환자 가운데 중증 환자도 더러 있었다. 대부분 70대 이상의 노인 환자들로 요양병원 등에서 코로나19 확진을 받은 분들이다. 중증 기저질환을 앓고 있던 상황이라 고농도의 산소요법과 침상 안정이 필요했다. 욕창 예방을 위해 2시간마다 몸 위치를 바꾸면서 환자 상태를 살폈다. 중증 환자들에게 코로나는 예측할 수 없는 위험요소가 있어서, 간호사들과 의료진들은 항상 긴장해야만 했다. 산소를 최대 용량으로 제공해도 가쁜 숨을 몰아쉬는 환자들, 곁에서 환자의 상태를 더 자주 들여다보고 안타까워하는 간호사, 희뿌옇게 변해버린 엑스레이 폐 사진을 보고 한숨을 쉬는 의사, 우리 모두가 한 마음이다. 가족들에게 연명치료중지에 대한 얘기를 하게 될 때면 의료진들 모두가 함께 숙연해진다.

4월 22일 봄꽃이 한창이던 날. 할머니 한 분이 돌아가셨다. 며칠 전 건강상태가 악화되었고, 담당 교수님과 나는 할머니 상태를 예의주시하며 곁을 지켰다. 산소포화도가 조금씩 오를 때, 딸에게 전화가 걸려왔다. 스피커폰으로 바꾸어 할머니 상태를 설명하면서, 상황을 지켜봤다. 딸의 목소리에는 이미 슬픔이 가득 차올라 있었다.

“엄마, 미안해. 그동안 바쁘다며 자주 찾아가지 못해서 미안해. 엄마가 퇴원하면 내가 모시고 살게. 그때는 우리 같이 바다도 보고, 엄마 좋아하는 음식도 먹으러 다니자. 내가 엄마 그동안 너무 외롭게 해서 정말 미안해. 엄마는 누구보다 강하니까, 병도 곧 이겨낼 수 있을 거야. 엄마, 사랑해."

크게 키워진 핸드폰 스피커를 통해 엄마를 찾는 딸의 목소리가 울려 퍼졌다. 할머니는 간신히 의식을 찾고 나서, 두 눈이 초승달처럼 웃었다. 그 순간 나는 할머니 귀에 대고 "할머니, 할머니도 사랑한다고 말해주세요"라고 말했다. 할머니는 가쁜 숨을 쉬며 지금까지는 들어보지 못한 큰 소리로 말했다.

"딸아, 나도… 많이 사랑해. 사랑해."

엄마의 말에 딸은 더 큰 울음을 쏟아냈다. 고글 속으로 눈물이 차올랐지만, 침착하려고 애썼다. 딸은 간호사와 의료진에게 연신 감사의 말을 전했다. 우리는 최선을 다하겠다는 말밖에 할 수 없었지만, 딸은 우리의 마음을 잘 알고 있는 듯했다. 언젠가부터 최고나 최상이라는 말보다 최선이라는 단어를 좋아하기 시작했다. 아마도 할머니와 딸이 통화한 그 시점이지 않을까. 나는 지금도 확신한다. 진정한 위로와 격려, 사랑이 있는 한 우리는 최선을 다해 병마와 싸울 수 있다.

사상 초유의 감염병 앞에서 인간은 한없이 나약한 존재다. 하지만 혼자서는 약하지만, 의지와 힘을 모으면 어떤 위기와도 맞설 수 있음도 깨달았다. 사회적 거리두기로 인해 경제적 타격을 입은 소상공인들이 병원을 방문했다. 고생하는 의료진에게 감사라도 전하고 싶다며, 커피와 간식을 싸 들고 온 것이다. 누구보다 힘든 시간을 견디고 있을 텐데. 의료진을 향해 감사하다며 인사하는 그들로부터 나는 용기를 얻었다. 고사리 작은 손으로 꾹꾹 눌러 쓴 손편지를 받았을 때 사랑을 배웠다. 위기 속에서도 절대 쓰러지지 않고 대응하는 대한민국을 보면서 크게 감동했다.

무엇보다 생과 사가 넘나드는 현장에서 자신을 희생하며 환자를 돕는 선배 간호사들과 의료진에게 진심으로 고마움을 느낀다. 그분들과 함께 같은 공간에서 오직 환자의 건강 회복을 위해 매진한 시간이 귀하게 느껴졌다. 우리는 할 수 있다는 마음으로, 국난 극복을 위해 모두가 함께하고 있음을 지금도 느낀다. 우리는 코로나가 사라질 때까지, 의료현장에서 떠나지 않을 것이다.

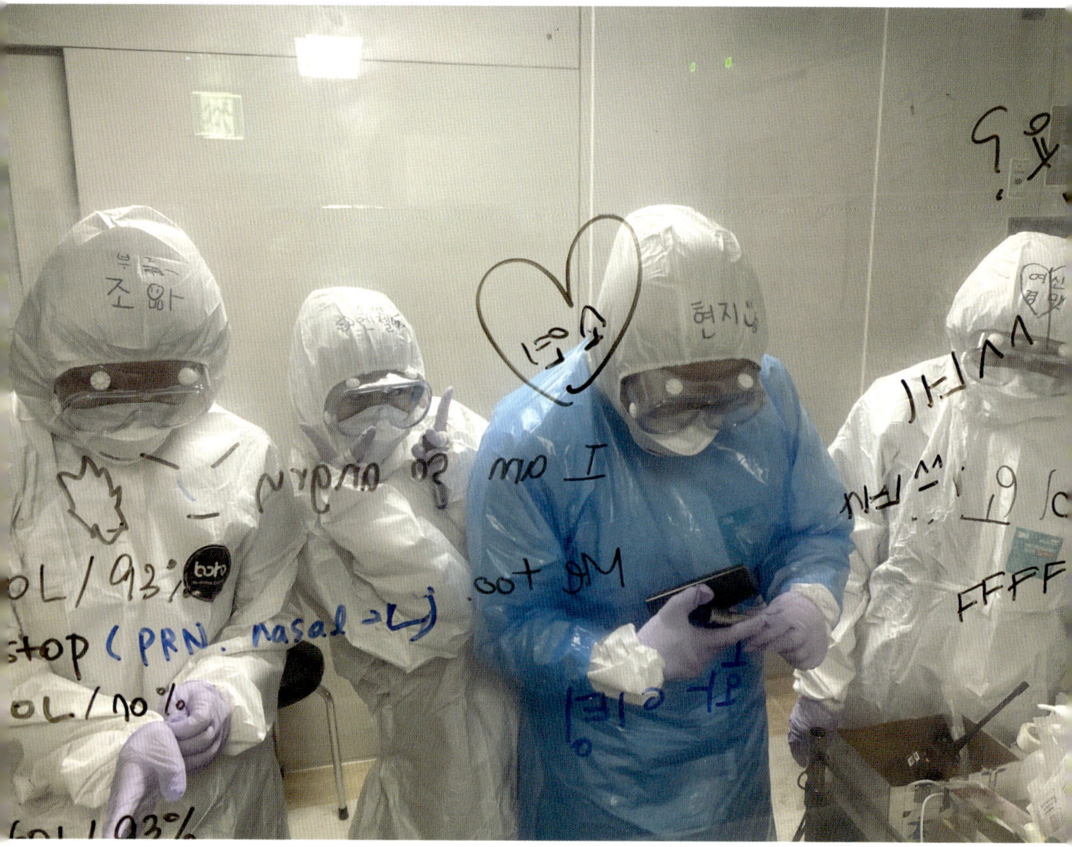

김소연 | 경북대학교병원

#ICU_의사소통_유리창대화

#새내기간호사_비타민

간호사 인생 첫 의료 파견지, 대구로 향하다

이나윤 | 영주적십자병원

2월 21일(금)

"대구로 간다고요? 지금요?" 평소와 다름없이 근무하던 중 우리 병원 의료진의 파견 소식을 접했다. 2월 21일 금요일 밤, 코로나 환자가 급증하여 영주적십자병원에서 대구로 파견 지원이 결정 났다. 제일 먼저 소식을 접한 뒤, 지원하겠냐는 질문에 "가겠다"라고 답했다. 메르스를 겪을 때는 아무것도 모르는 간호학생이었지만, 지금은 다르다. 비록 임상 경력이 1년 9개월밖에 되지 않지만, 간호 팀장님과 수술실 수간호사 선생님의 격려 속에 내가 할 수 있는 일이 있음에 감사했다.

적십자병원에서 근무하는 동안 해외나 금강산 의료 파견 등을 떠나는 선배들을 자주 보았다. 그래서 언젠가 기회가 찾아오면 나도 간호사로서 역량을 갖추고 사회에 보탬이 되어야겠다고 생각한 지 오래였다. 코로나 사태로 곤경에 빠진 대구로 간다는 건, 간호사로서 품은 내 신념에 한 발 더 다가서는 길이라 여겼다. 그러니 한 치의 망설임도 없었다.

2월 22일(토)

'2월 23일 오전 11시 대구 동산병원으로 파견'이라는 문자를 받았다. 함께 일하는 병동 선생님들의 염려와 조언, 응원을 받았다. "건강하게 잘 돌아와야 해"라며 안아주는 선생님들의 품이 따뜻했다. 잠시 떨어져야 하지만, 이런 좋은 선생님들과 함께할 수 있음이 행운이라 생각했다. 그때까지 나는 집에 파견 소식을 알리지 않았었다. 갑작스러운 파견이기도 했지만, 가족의 걱정이 부담스러웠기 때문이다.

하지만 함께 일하는 선생님의 조언을 듣고 엄마에게 말했다. 역시 결사반대였다. 평소 무뚝뚝한 오빠까지 "네가, 뭘 할 수 있다고 억지로 자원하냐!" 라며 강력하게 말렸다. 나는 "엄마, 걱정 마. 나 완전 씩씩하잖아. 방호복과 장비 잘 착용하면 괜찮아. 대구 지역에 간호사가 많이 부족해서 나와 다른 선생님들도 함께 가니, 응원해 줘요!"라고 말했다. 엄마는 땅이 꺼질 듯 한숨을 쉬었지만,

내가 좋아하는 음식을 든든하게 차려 주는 것으로 응원의 마음을 대신했다.

2월 23일(일)

나와 간호 팀장님, 수술실 수간호사 선생님은 함께 대구로 향했다. 고속도로는 평소와 달리 고요했고, 차에 탄 우리도 적막감에 휩싸였다. 가족의 걱정을 뒤에 놓아두고, 한 번도 경험하지 못한 코로나와 맞선다는 건, 지금 생각해도 쉬운 일이 아니다.

대구의료원에 도착하니 긴급 재난 상황임을 실감할 수 있었다. 코로나19와 맞선 대응이 초기라서 매뉴얼이나 시스템이 완전하게 갖추어진 상태가 아니었다. 시간마다 상황이 바뀌었고, 뉴스에서는 속보가 끊임없이 쏟아졌다. 대기 중 팀장님의 휴대전화 벨 소리가 끊이지 않았다. 뉴스에서 우리가 근무하는 영주적십자병원이 코로나 전담 병원으로 바뀐다는 소식을 전했다. 팀장님은 다시 영주로 복귀 준비를 했다. 수술실 선생님과 나는 우선 파견지인 대구의료원에서 대기하며, 의료 지원을 계속하라는 업무 지시를 받았다. 한 치 앞을 예상할 수 있는 상황이 아니었다. 걱정과 불안이 앞섰지만, 이내 마음을 다잡았다. 상황 자체를 바꿀 수는 없지만, 내가 중심을 잘 잡고 해야 할 몫을 다하는 것이 중요하다고 생각했기 때문이다. '내가 이곳에 온 이유를 잊지 않고, 스스로 마음을 다잡기 위해 일기를 쓰기 시작한 것'도 바로 이날부터였다.

2월 24일(월)

병동 투입 첫날, 레벨 D 방호복 착용법을 배우고 간단한 오리엔테이션을 받았다. 나는 생명존중센터에 배정받았다. 코로나 환자가 급증하자 비어 있던 건물이 병실로 바뀐 곳이다. 갑자기 용도가 변경된 곳이라 물품도 부족하고, 매뉴얼이나 시스템도 미흡했다. 하지만 대구의료원 선생님들을 중심으로 전국 각지에서 모인 간호사 선생님들과 함께 최선을 다하기로 마음먹었다.

방호복과 장비를 착용하고 병동에 들어서면 격리 구역에서 환자와 간호사들이 분주하게 움직였다. 막연하게 상상했던 현장이 눈앞에 펼쳐지니 긴장감과 함께 두려움도 생겼다. 격리 구역에서 업무는 활력징후 측정, 정맥주사와 수액 확인, 약물 투여, 산소량 확인, 체위 변경, 섭취량과 배설량 확인, 간호 순회 등이었다. 격리 상황이기 때문에 평소에 하는 간호 업무 이외의 일도 함께 병행해야 했다. 예를 들면 병실 밖으로 출입이 제한된 환자를 위한 물품 확인과 구비, 격리실 의료폐기물 확인, 식사 배식, 생수 배급 등이 더해졌다.

'누구보다 더 열심히 최선을 다하겠다'라는 자신감은 온데간데 없어졌다. 이중 삼중의 장갑을 끼고 레벨 D 방호복과 장비를 착용하면, 10분만 움직여도 땀이 쏟아지고 고글에 습기가 찼다. 2시간이 지나면서 두통을 호소하는 사람도 있었다. 평소와 다른 환경이나 장비를 착용하는 것이 쉽지 않음을 반나절도 지나지 않아서 체감했다.

대구의료원의 간호사 선생님들은 인력 부족을 이유로 원래 병동이 아닌 갑자기 만들어진 병동에서 2교대로 일했다. 권장 시간을 훌쩍 뛰어넘는 5~6시간까지도 방호복을 입고 일했다. 집에 갈 수 없는 상황이라 어느 구석진 곳에서 잠을 청했고, 어떤 근무를 하게 될지 알 수 없는 상황에서 매일 병동을 오고 가며 확인했다. 그럼에도 대구의료원 간호사 선생님들은 파견 나온 이들에게 고마움을 표하고 작은 부분까지 배려해주었다.

2월 25일(화)

코로나19라는 전 세계적인 재앙과 맞서며 의료진들과 간호사들은 대구에서 한마음으로 임했다. 오직 환자를 코로나로부터 지켜야 한다는 사명감으로 가득했다.

대구시에서 마련해준 숙소를 이용하면서 미안한 마음이 컸다. 그래서 한 번 더 움직이고, 내가 할 수 있는 한 최선을 다해 일했다. 그러는 가운데 영주적십자병원도 코로나 지정 병원으로 변경

된다는 소식을 듣고 걱정이 앞섰다. 대구의료원에서 경험한 것을 좀 더 자세한 업무 일지로 쓰기 시작한 까닭도 그 때문이다. 함께 파견된 수술실 수간호사 선생님의 진두지휘로 의료 파견이 끝날 때까지 업무 일지를 작성했다. 퇴근하면 피곤해서 쓰러질 듯하다가도, 그날 일을 기록할 때면 정신이 또렷해졌다. 그렇게 작성한 대구의료원 파견 일지를 바탕으로 영주에서 간담회를 열기도 했다. 며칠 동안 파견이었지만, 선 경험을 통해 얻은 자료를 동료와 공유할 수 있다는 생각에 뿌듯했다.

병동으로 출근하면 생수를 지급하고, 감염 의료폐기물 정리와 각종 오더를 수행했다. 파견 생활이 하루밖에 지나지 않았지만, 큰 틀에서 해오던 업무와 다르지 않아서 빠르게 적응했다. 주로 사용하는 약물 파악과 함께 환자들 상태도 조금씩 눈에 들어왔다. 파견 간호사로서 대구의료원과 환자들에게 도움을 주기 위해 노력했다. 환자들이 호소하는 증상은 다양했다. 매스컴을 통해 많이 접한 기침과 가래, 인후통이나 발열 등의 폐렴 증상은 물론이고 구토와 설사, 식욕 부진과 후각 상실을 호소하는 경우도 많았다.

무엇보다 환자들에게 정맥주사를 놓는 게 쉽지 않았다. 두 세 겹 이중으로 된 장갑과 무거운 장비를 착용하기 때문에 환자들이 불편함을 겪게 한 것이 마음에 걸렸다. 어느 날은 환자분이 짜증 한 번 내지 않고, 다른 쪽 팔을 내게 건네기도 했다. 나는 "죄송

코로나 사태로
곤경에 빠진
대구로 간다는 건,
간호사로서 품은
내 신념에 한 발 더
다가서는 길이라 여겼다.
그러니 한 치의
망설임도 없었다.

합니다. 불편하셨지요?"라고 물었는데. 오히려 환자분은 "아니어요. 간호사 선생님들이 더 힘들지요. 방호복에 두꺼운 장갑을 끼니 정맥 찾기가 더 힘들지요?"라고 말하기도 했다.

2월 29일(토)

코로나 사태를 경험하면서 확진 환자를 바라보는 불편한 시선이 적지 않다. 매스컴을 통해 알려지는 확진자에 관한 부정적인 이야기가 적지 않은 원인이라 생각한다. 의료 활동 수칙에 확진자와 필요한 경우를 제외하곤 접촉을 줄이라는 것이 있다. 그러나 실제 현장에서 의료진들과 간호사들은 환자를 대하는 마음은 크게 다르지 않다고 생각한다. 평소 의료 활동과 다름없이 나의 환자 상태를 파악한다. 코로나 환자로서 대하지 않고, 내 환자로서 마주한다. 짧은 기간이었지만 대구의료원에서 내가 마주한 환자들은 코로나 환자로서가 아닌, 내가 돌봐야 할 환자들이었다.

대구의료원에서 파견 활동을 하는 동안 영주적십자병원은 3월 1일부터 코로나 환자를 맞이할 준비로 분주했다. 함께 파견 온 수간호사 선생님으로부터 "우리 병원이 코로나 지정 병원으로 바뀌었으니, 곧 복귀할 준비를 하자"라는 말을 전해 들었다. 2월 24일부터 28일까지 닷새라는 짧은 시간 동안 대구의료원에서 파견 활동을 했다. 우리 병원으로 복귀해서도 코로나 환자를 돌보아 하지만, 짧은 기간 동안 밤낮없이 최선을 다하는 의료진들과 시간을 잊을 수 없다.

닷새라는 짧은 기간 동안 대구의료원에서 함께한 환자들과 의료진들 모두에게 감사한다. 끝까지 함께하지 못한 미안함이 큰 탓에 비타민제와 쪽지를 건넸다. "시간의 길이로 가늠할 수 없는 마음이 있습니다. 밤낮없이 애쓰는 여러 선생님을 보면서 존경심이 돋아나기도 했습니다. 대구의료원에서 경험이 영주적십자병원에서 돌봐야 할 코로나 환자들에게 적지 않은 도움이 되리라 생각합니다. 고맙습니다"라는 말에, "이 선생님도 수고 많으셨어요. 영주에서도 환자분들을 성심껏 돌봐주세요"라며 눈물짓던 선생님의 모습이 눈에 선명하다. 코로나19와 맞서 최전방에서 밤낮없이 최선을 다할 그분들에게 다시 한번 고마움을 전한다.

대구의료원에서 돌아온 2월 29일, 우리 병원의 격리시스템이 파견지와 어떤 차이가 있는지, 수정·보완할 사항은 없는지 등을 환자가 오기 전에 다시 한번 점검하고 싶었다. 나와 수간호사 선생님의 요청으로 바로 스프린트 근무를 시작했고, 대구의료원에서 작성한 코로나 파견 일지가 작은 도움이 되었다. 함께 파견 간 수간호사 선생님과 함께 업무 일지를 바탕으로 다른 직원들과 토론하고 질의 응답하는 시간을 가졌다. 예고 없이 진행한 자리라서 긴장도 했지만, 우리 병원도 곧 코로나 환자를 치료해야 한다는 생각 때문인지 참석자 모두가 진심으로 묻고 답하는 시간이었다.

팀장님이 "대구의료원 파견 기간 작성한 업무 일지를 참고해서, 우리 병원도 코로나 대응 준비를 했다"라고 말할 때, 마음 한쪽이 뿌듯해졌다. 짧은 시간 동안 소중한 경험, 그 하나라도 놓치지 않기 위해 작성한 업무 일지가 다른 환자를 돌볼 수 있는 밑거름이 되어서 기쁜 마음이었다.

3월 9일(월)

대구의료원으로 처음 파견 갈 때, "내가 감당하기에 너무 큰 책임이지 않을까"라고 걱정했다. 그래서 최선을 다하자는 마음으로 길을 나섰다. 그 뒤에도 '나보다 경험 많은 선생님들이 오셨다면 좋았을 텐데'라는 생각과 '너무 부족하다. 나는 잘하고 있나?'라는 마음으로 무거웠다. 하지만 그런 나를 응원해 준 여러 선생님의 목소리에 용기를 냈다. 특히 동료와 선생님들은 대구의료원 활동 기간에 관한 업무 일지를 통해 막연한 불안감과 두려움을 씻어낼 수 있었다고 한다. 아직 3년 차밖에 안된 미숙한 내 의견에 귀 기울여 들어주고 상황에 맞게 적용해 주시는 수간호사 선생님, 팀장님 덕분에 내 마음을 다잡을 수 있었다. 또한 이러한 역할을 해낼 수 있도록 든든한 버팀목이 되어준 우리 병원에도 감사한 마음이다.

우리나라뿐만 아니라 전 세계가 코로나19라는 재앙에 맞서고 있다. 코로나는 이전의 바이러스와는 전혀 다른 양상을 보인다. 전 세계를 팬데믹에 빠뜨렸고, 언제 끝날지 모르며 치료제 개발도 쉽지 않다. 어쩌면 오랜 시간 우리는 코로나와 맞서야 할지도 모른다. 응원의 목소리도 크지만, 간혹 힘 빠지는 소리도 적지 않다. 3월 9일 뉴스를 보다가 맥이 풀리는 듯했다. 코로나 현장으로 파견 간 의료진들과 간호사들의 수당이 화두에 올랐고, 여기저기서 갑론을박이다.

메르스와 비교되는 이번 코로나 사태에서 정부의 대응책은 감격할 수밖에 없다. 전염병 관리의 정석을 보여주면서, K-방역은 효과적인 대응 사례로써 세계의 주목을 받고 있다. 어느 지역이 위기에 처했을 때, 전국 각지에서 의료 활동에 자원하는 의료진과 간호사가 끊이지 않았다. 그들의 사명감과 헌신에 감사와 배려하지 않는 이야기들이 떠돌았다. 아직도 끝나지 않은 코로나 전쟁터에서 고난과 위험을 감수하는 분들에게 최소한 예의를 지켰으면 하는 바람이 크다.

4월 30일(목)

코로나와의 전쟁은 아직 끝나지 않았지만, 5월 6일부터 사회적 거리두기가 해제되었다. 완벽하지는 않지만 다시 일상으로 조금씩 돌아가고 있다. 우리 병원에서 치료 중이던 16명의 코로나 환자들도 대구의 병원으로 자리를 옮겼다. 사회적으로 '의료진 덕분에 캠페인'이 있어서 코로나 사태 동안 아프고 힘든 기억이 사라졌고, 현장에서 사투를 벌이던 환자분들과 그들 곁에서 밤낮없이 봉사한 사람들을 향한 감사의 기억만 남았다.

우리 병원도 5월 11일 정상 개원을 앞두고 있다. 아직 완전하지 않지만 언젠가 코로나19 사태도 종식될 것이다. 잃어버린 소소한 일상의 행복도 되찾고, 지나간 봄꽃 대신 다른 계절을 만끽할 것이다. 우리 병원 정상 개원 전까지 무엇을 할까 고민했다. 그러다가 코로나 파견 시점부터 적어온 글과 사진을 다시 살펴보았다.

코로나 환자들이 입원하던 초기에는 부족함이 있었다. 크고 작은 애로사항도 발생했지만, 우리는 서로 머리를 맞대고 좋은 방안을 생각하며 손발을 맞추었다. 처음 퇴원하는 환자의 웃음소리가 떠오르고, 그들로부터 받은 손편지 등이 생각난다. 격리 기간이 길어져 불안해하던 환자의 심리를 살피던 일, 갑작스럽게 인터뷰한 일, 환자분의 택배물을 격리 병실에 전했더니 '간호사 선생님들 먹으라고 주문한 음식'이라고 해서 고마운 마음만 받겠다고 한 일, 격리 기간 동안 팔순을 맞은 환자분에게 케이크로 축하를 드린 일. 작지만 가슴에 오래도록 남을 이야기가 적지 않다.

지난해 말 전 세계를 공포에 빠뜨린 코로나의 위세가 제아무리 크다고 해도, 희망을 향해 똘똘 뭉치는 인간의 의지를 이길 수 없다고 여긴다. 절망의 순간에도 환자들 곁에는 우리 간호사들이 있다. 우리가 절대 포기하지 않은 한, 언젠가 코로나는 끝이 날 것이다. 대한민국의 한 국민으로서, 간호사로서 나는 어떤 위기가 다가와도 단단하게 맞설 것이다.

나의 코로나 일기는 여기서 끝나지만, 아직까지 코로나와 싸우는 많은 의료진과 환자들, 국민들의 이야기는 끝나지 않았다. 나는 그 끝까지 함께할 것이다. 공공기관 간호사로 있으면서 억울했던 경험도, 고마웠던 기억도 서러웠던 기억도 있다. 힘들기도 했다. 보고 싶은 가족들과 친구들도 만나지 못했다. 그럼에도 주변에서 보여준 온정과 사랑이 있고, 격려와 응원이 있었다. 버텨준 환자들이 있고 함께해준 동료들이 있기에 또 다시 이런 일이 생긴다면 (이런 일이 일어나지 않는 것이 제일 좋겠지만) 또 다시 앞장 서리라 다짐한다.

이남희 | 칠곡경북대학교병원

#회복환자를볼때_피로회복

#성장의시간

나이팅게일 정신을 몸소 실천한 어머니, 당신을 존경하고 사랑합니다

방원규 | 코로나19 의료봉사자 김미래 간호사 가족

2020년 새해가 밝았다. 설 연휴를 맞아 서울에 거주하는 우리 삼 남매는 명절을 보내기 위해 대구로 내려갔다. 오랜만에 느끼는 화기애애한 시간, 그동안 쉴 틈 없이 달린 탓이었을까. 가족과 함께 나누는 사소한 대화마저도 내겐 새로운 활력을 불어넣었다. 설날 친척들이 다 모였을 때, 어머니는 중국 우한에서 신종 바이러스가 발생했다며 '개인위생을 강조'했다. 국내에서도 첫 확진자가 발생했다고 뉴스에서 보았지만, 크게 개의치 않았다. 늘 그렇듯이 질병은 곧 사그라질 것이라 생각했기 때문이다. 그렇게 서울로 돌아와서도 이전과 크게 다르지 않은 생활을 이어가고 있었다.

그로부터 며칠이 지났을까? 31번 확진자 발생과 함께 대구와

경북 지역을 중심으로 코로나19 확진자는 기하급수로 늘어났다. 마스크 광풍이라 부를 정도로 품귀 현상이 일어났고, 교육기관에서는 3월 개학을 연기하는 사태에 이르렀다. 지극히 평범한 일상이, 언제나 변함없으리라 여긴 보통의 삶이 아수라장으로 변하기까지 그리 오래 걸리지 않았다. 확진자 수는 계속 늘어났고, 코로나19 온상지가 된 대구에서는 의료인과 병상이 턱 없이 부족했다. 결국 응급환자는 진료조차 받기 힘든 상황에 다다랐다.

뉴스를 접하자마자 하던 일을 멈추고 어머니에게 전화를 걸었다. 다행히도 부모님은 건강했고 크게 염려할 일이 없었다. 하지만 어머니의 목소리가 평소와 달랐다. 쉽사리 입을 떼지 못하고 한동안 머뭇거리는 사이, 긴 침묵이 흘렀다. 아주 잠깐이지만 나는 무언가 직감할 수 있었다. 혹시나 하는 심정으로 "어머니, 코로나 현장에 자원하실 생각인가요?"라고 물었다. 어머니는 잠시 멈칫하시다가, "그래, 그렇다"라고 짧게 답했다. 지금 현장에는 병상과 의료진이 부족하여 수많은 환자가 고통에 놓여 있다고 했다. 적은 수의 의료진으로는 코로나19의 전쟁과 맞서기 어렵다고 했다. 그러고는 "아들아, 나는 간호사로서 소임을 다 하고 싶구나"라며 한 치의 망설임도 없이 자원했다는 말이 수화기 너머에서 들려왔다.

순간 거친 파도가 이는 듯해서 숨쉬기조차 어려웠다. 어머니는 정년퇴임을 앞둔 간호사였고, 지금은 공로휴가 중이었다. 올해 환갑인 나이에 코로나 현장으로 자원하시겠다는 말씀이 거짓말이기를 바랐다. 아니 나이에 제한이 있어서 거부되기를 바랐다. 한동안 말을 잇지 못하다가 나는 "이런 상황 속에서 그 누군가 의료활동을 자원했다면 존경과 감사를 표해야겠지만, 그 누군가가 우리 엄마라면…. 전 싫어요. 보내드릴 수 없어요, 어머니!"라고 말했다. 어머니는 당신의 소임 앞에서 당연한 결정이라며 나를 설득했다. 마땅히 가야 할 곳으로 떠날 수 있도록 응원해달라는 말에는 절대 동의할 수 없었다. 하지만 '정말 어렵게 용기 내어 결정하신 생각일 텐데'라는 생각이 들자, 어머니를 응원하고 진심으로 자랑스럽다는 말을 전했다.

그렇게 불안한 마음으로 일주일이 흘렀다. 어머니가 사전 교육을 마치고 온 날 전화를 하니, 집에서 방호복 착용 연습을 한다고 했다. 내일부터는 실전이라며 현장으로 투입된다는 말도 이어졌다. 그러면서 이제부터 퇴근 뒤에야 연락할 수 있다고 했다. 현장에는 개인 소지품도 오염의 우려가 있어 반입할 수 없기 때문이다. 어머니와 통화가 끝난 뒤 어떻게 집에 들어왔는지 모르겠다. 온통 어머니 걱정뿐이었는데, 문을 열자 작은 누나가 식탁에 앉아 조용히 울고 있었다. 우리는 아무 말도 없이 서로의 손을 꼭 잡으며,

내일을 맞이할 뿐이었다.

그렇게 날이 밝고 어머니는 코로나 현장으로 투입되었다. 우리 가족은 초조한 마음으로 어머니의 연락을 기다렸고, 오후 늦게 어머니로부터 영상 통화가 걸려왔다. 휴대 전화 화면 속에는 이마와 양쪽 뺨에 고글 자국이 선명한 채, 조금 지쳐 보이는 어머니의 얼굴이 나타났다. 우리는 "괜… 괜찮으세요?"라고 물었고, 어머니는 "나는 괜찮아, 여기 환자들이 걱정이야"라며 환하게 웃었다. 우리의 걱정 때문에 웃는 모습이 또 그렇게 가슴 아팠다. 대구 확진자 대부분이 20대라고 했다. 신천지 사태 때문인 것을 알고 있지만, 내 또래이기 때문에 더욱 마음이 아프다고 했다.

지금 대구는, 내 고향 대구는 코로나 집단감염으로 인해 혼란의 시간을 겪고 있다. 마치 마피아 게임처럼 시민과 마피아를 찾아 나서듯 TV와 SNS가 난리 법석이다. 어머니는 그 후로도 계속 코로나19 현장에 나갔고, 환갑의 나이에도 불구하고 밤 근무에 투입되기도 했다. 어느 날 영상 통화 속 어머니의 모습이 좀 이상했다. 화면 속 어머니의 얼굴은 울퉁불퉁하게 부어 있었고, 붉은 자국과 함께 반창고가 여러 군데 붙어 있었다. 고글과 마스크 착용으로 인해 피부가 짓눌렸기 때문이었다. 걱정스러운 마음에 안부를 여쭈면, 어머니는 "나는 괜찮으니, 너무 걱정하지 말고 너희들 건강 조심하렴"이라며 또 우리를 걱정했다.

우리는 그런 어머니의 모습을 보며 가슴이 아프고 더없이 불안한 마음이었다. 하지만 우리가 지금까지 알지 못했던 어머니의 강한 모습에 감동했고 또 자랑스러웠다. 그렇게 우리는 약 286km 떨어진 거리에서 휴대폰에 의지한 채 각자의 일상과 안부를 물으며, 진심 어린 기도와 함께 서로를 응원했다.

어느 날 밤, 근무 대기 시간에 어머니와 짧은 통화를 나누었다. 수화기 너머에서 간간이 잔기침 소리가 들렸다. 갑자기 가슴이 철렁 내려앉는 듯했다. 영하로 떨어진 꽃샘추위 때문에 알레르기가 다시 생긴 것이라는 말을 듣고, 혹시나 하는 마음을 쓸어내렸다. 천만다행이었지만, 어머니의 건강이 늘 걱정이다. 어머니는 남에게 피해를 줄까 걱정이라며, 늘 몸을 따뜻하게 하고 생강차와 공진단도 챙겨 드신다고 했다. 그러면서 강원도에 사는 친구분이 후원물품을 보내와 힘이 난다며 즐거워했다. 아이처럼 환하게 웃는 소리가 먼 곳에서도 가까이 들려왔다.

어머니는 대구에 홀로 남아 코로나와 맞서고 있다. 백년전쟁 속에서 프랑스를 구하기 위해 앞장선 잔 다르크처럼, 우리의 고향 대구를 지키기 위해, 대구에서 다른 지역으로 코로나가 전파되는 것을 막기 위해, 코로나19라는 전장 속에서 고독하고 힘든 싸움을 하고 있다. 우리는 무엇을 해야 하는가? 사회적 거리두기, 마스크 착용과 손 씻기, 밀폐된 공간에서 모임 자제하기….

어머니가 보고 싶지만, 대구에 사는 절친들이 보고 싶지만, 지금은 꿈도 꿀 수 없는 상황이다. 우리가 대구 사람이라는 걸 주변에서 알고 있기 때문에 서울에서 벗어날 수 없다. 대구 방문 시 무조건 2주간 자가격리에 들어가야 하니, 업무상 손실이 고스란히 직장에 손해를 끼친다.

어느덧 시간이 흘러 K-방역이 주목을 받고 있다. 팬데믹 발표 이후 우리나라가 코로나19 방역 모범국가로 부상하며, 진료시스템과 의료진들을 극찬하고 있다. 그 중심에 어머니가 있다고 생각하니 더없이 뿌듯하고 자랑스럽다. 국민도 모두 함께 응원 메시지를 보내고 후원물품으로 의료진들에게 용기를 주고 있다. 위험과 고난을 헤쳐나가는 길은 서로가 서로에게 건네는 따뜻한 마음이, 그 시작이라고 생각한다.

이제 벚꽃이 만개하면 코로나19도 우리 곁에서 물러갔기를 소망한다. 어머니는 아직 우리가 봄을 맞이할 준비가 되어 있지 않다고 했다. 그러면서 언젠가 반드시 다시 봄을 되찾을 수 있다고 말했다. 코로나19가 여전히 기승을 부린다. 어머니는 여전히 밤낮을 가리지 않고 봉사하고 있다. 직장에서 근무할 때도 아이디어와 개선점을 끊임없이 제안해서, 얼리어답터라는 별명을 얻었다고 했다. 봉사하는 순간에도 현장에 있는 의료진과 환자들을 위해 다양한 방안을 제시했고, 퇴근 뒤에는 현장에서 기록한 일지를 언론사에 기고했다. 어머니는 그렇듯 잠시 멈춘 희망의 씨앗이 잘 자랄 수 있도록 최선을 다했다. 그렇게 4주라는 시간이 흘렀고, 자원봉사를 마친 뒤 2주간 자가격리에 들어갔다. 그 기간 중에도 어머니는 위급 상황이 발생하면, 다시 현장으로 달려가겠다고 말한다.

4월 말, 나도 대구에 갈 수 있었다. 동대구역에서 집까지 가는 길이 여전히 한산했다. 코로나가 바꾸어놓은 일상이 여전히 회복되기까지 시간이 필요해 보였다. 집에 도착하니 어머니는 "오랜만에 우리 아들과 함께 헌혈 데이트를 좀 할까"라며, 나와 함께 밖으로 나갔다. 우리나라는 혈액 대부분을 수입에 의존하고 있는 상태라며, 일반인이 실천할 수 있는 가장 큰 봉사가 바로 '헌혈'이라고 했다.

어느새 시간이 흘러 계절의 여왕 5월이 찾아왔다. 미국과 유럽, 일본 등 전 세계가 여전히 코로나19라는 바이러스 앞에 속수무책이다. 다행히 우리나라는 확진자 수가 한 자리에 머물고 있다. 어머니는 코로나가 완전히 종식될 때까지, 재확산을 막기 위해 더욱 세심한 주의가 필요하다고 말한다.

어렵고 힘든 상황을 극복하며 숨 가쁘게 활동하는 간호사와 의료진들, 자원봉사자들이 있는 한. 언젠가 코로나는 극복할 수 있을 것이다. 희망을 잃지 않은 한 언젠가 소망의 씨앗은 활짝 필

것이다. 코로나 위기에 맞서 나이팅게일 정신을 몸소 실천한 모든 분에게 감사한다. 그 맨 앞자리에 존경하는 나의 어머니가 서 있다.

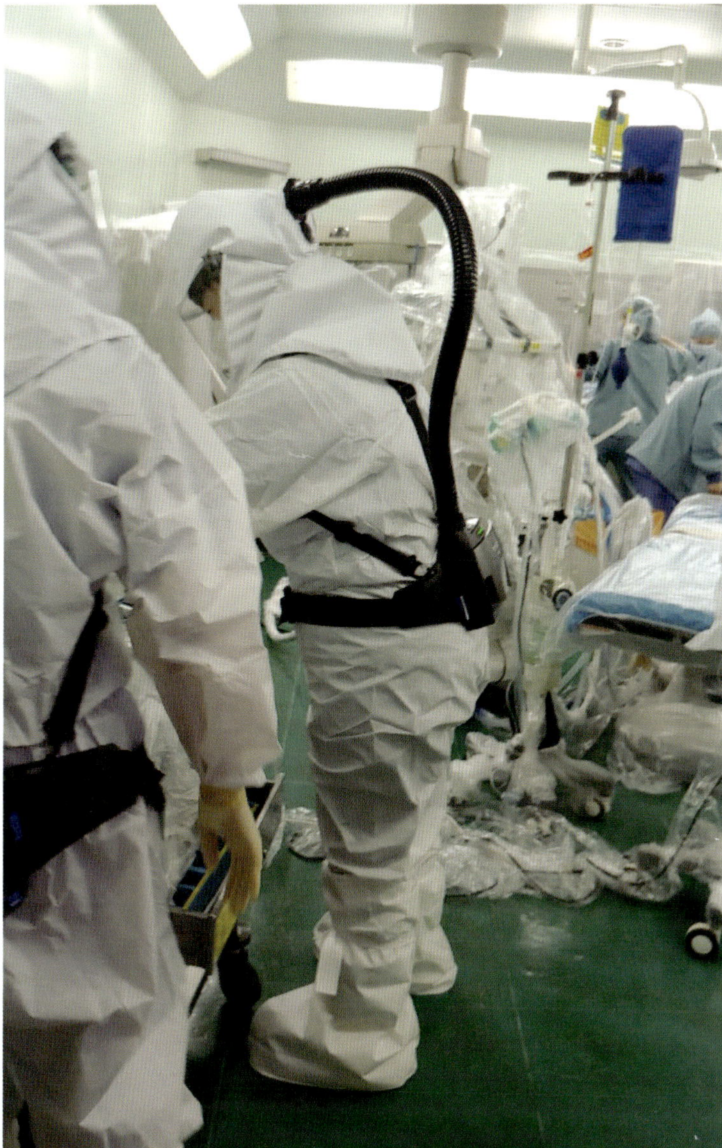

이혜정 | 노원을지대학교병원

#전쟁터방불 #긴장불안과의_사투

#긴장감가득한_인수인계시간

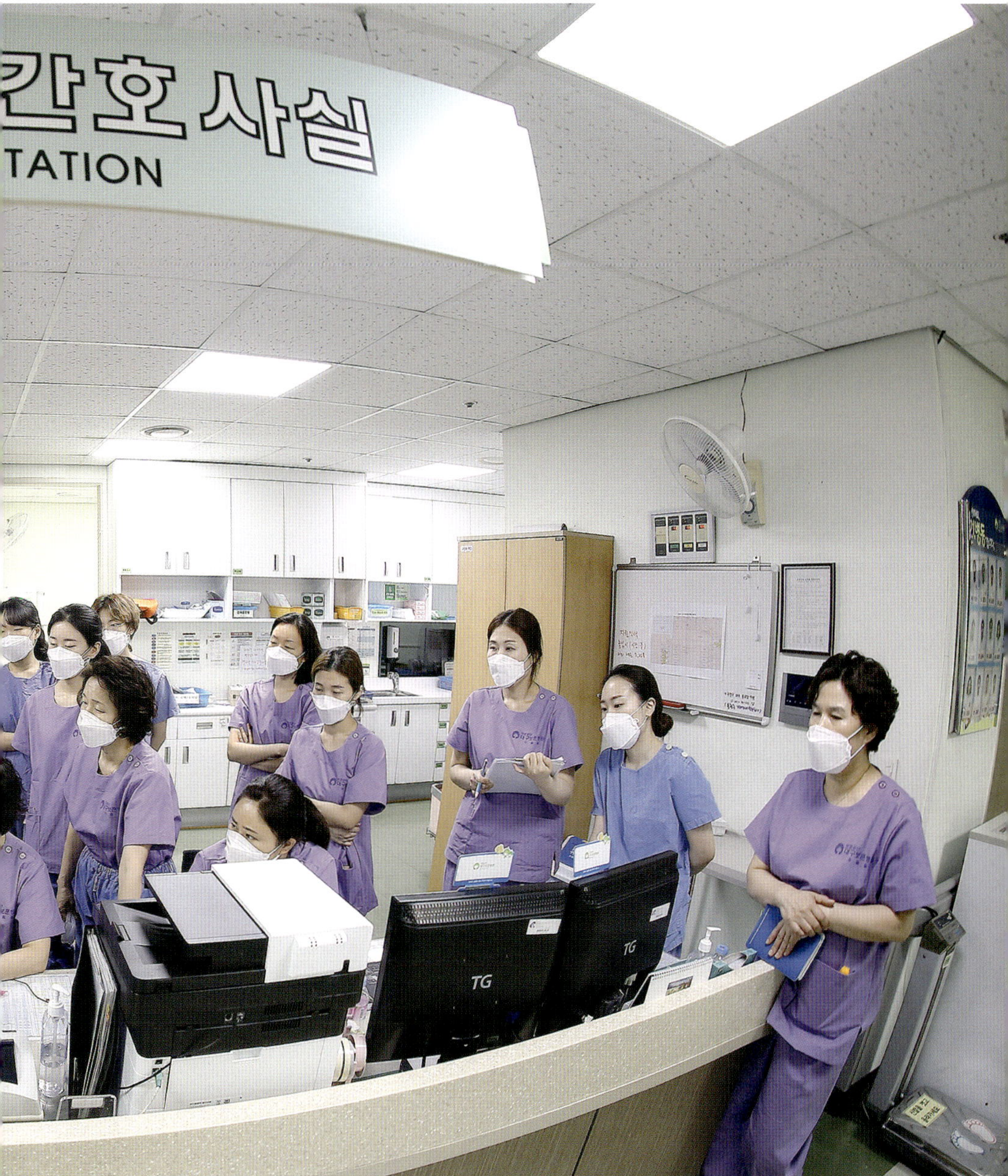

김홍식 | 대구보훈병원 방사선사

당신들은 코로나 재난 속에서 희망이고 영웅이었다

이경화 | 경북대학교병원

위기는 기회와 맞닿아 있어 그만큼의 고통과 수고가 따른다. 코로나19로 전 세계가 고통받고 있지만, 우리 응급병동의 시스템이나 근무자들의 생각은 한 뼘 더 성숙하게 만들었다. 나는 대구에서 근무하는 간호사다. 권역 응급의료센터 소속의 응급병동 수간호사로 코로나 최전방에서 사명감 하나로 환자를 간호했다. 하루하루가 위험하고 힘든 날이었다. 훗날 부서원들과 함께 이 날들을 되돌아보며 반추할 날이 있을거라는 생각에 일기를 써두었다. 이 수기는 코로나19 상황을 적어놓은 기록이면서 나와 우리 부서원들의 생각과 마음 자세를 돌아본 다짐이기도 하다.

재난의 시작_2020년 2월 18일

대구에서 31번 확진자가 발생한 2020년 2월 18일 오후 6시, 퇴근한 뒤 응급실로부터 전화를 받았다. '응급병동에 입원한 환자 한 분이 응급실에 있을 때, 코로나19 감염 의심자 옆자리에 있었다'라고 했다. 만약 의심자의 검사 결과가 양성으로 판정되면 그 환자 역시 응급조치를 해야하는 상황이었다.

감염관리실 담당자에게 전화를 걸어 확인하니 '현재는 확진이 아니고 의심자와의 접촉 상태이니 침상 간 거리를 유지하고, 원내 감염관리지침을 준수하라'고 했다. 그래서 응급병동으로 연락하여 해당 환자 상태를 확인하고, 담당 간호사에게 감염관리지침 준수를 당부했다. 전화를 끊은 뒤, '제발, 음성이기를…'하며 간절히 소망했다.

밤 11시경 의심자가 양성 확진을 받았다는 연락이 왔다. 늦은 밤이었지만 긴장과 걱정 때문에 병원으로 향할 수밖에 없었다. 응급실은 이미 폐쇄되었고, 응급병동 환자는 1인실로 전실이 결정되었다. 시급한 일을 마무리하니, 새벽 2시 즈음이었다.

2월 19일 이른 아침, 코로나 31번 확진자 관련 뉴스가 쏟아졌다. 우리 병원 응급실 폐쇄 관련 소식도 함께 보도되었다. 출근길 발걸음이 한없이 무거웠다.

확진자를 접촉한 응급실 의료진 수십 명이 자가격리 되었다.

확진자의 동선 확인 과정에서 접촉 범위를 넓게 잡으니 격리를 요하는 환자가 점점 더 많아졌고, 응급실에 입실해 있던 환자들을 관찰하고 치료할 병동이 필요했다. 2월 20일 두 개 병동을 온전히 비워 응급실 환자 2주 격리조치에 들어갔다. 급박하게 돌아가는 이 모든 것들이 의료진과 환자, 보호자들에게 두려움과 긴장으로 당황스럽게 했다. 코로나와의 전쟁이 시작되었다.

응급실 폐쇄로 응급병동에 신규 환자가 없었고, 전실과 퇴원 등으로 이틀 만에 환자가 절반으로 줄었다. 폐쇄했던 응급실 재가동이 논의되었다. 그러나 응급실 간호사 수십 명이 자가격리된 상황으로 권역응급의료센터 소속인 응급병동 간호사들이 응급실 지원을 맡아 재가동하기로 결정했다. 이 모든 일을 우리가 선택하기보다는 숙명처럼 받아들여야했다. 응급병동 부서원 모두의 건강과 무사 복귀를 목표로 결정하고, 2020년 2월 21일 응급병동을 폐쇄했다. 일상을 보내던 일터를 문 닫는 경험, 다시는 하고 싶지 않았다.

코로나19 확진자 간호 지원_2020년 2월 22일

31번 확진자를 시작으로 신천지 교인과 청도 대남병원 집단감염, 국내 첫 코로나 사망환자 발생 등 상황이 급격히 악화되었다. 코로나19 관련 뉴스가 24시간 특보로 보도 되던 때 응급병동 부서원들이 응급실 지원 근무를 시작했다.

2월 22일 토요일 파견 첫날, 근무 현장은 바람이 거세게 불어 설치해 놓은 텐트가 많이 흔들려 안전사고 위험이 있었고, 매서운 날씨에 레벨D를 입고도 많이 추웠다.

응급실은 응급의학과 외래 진료 개념인 제1 분류소, 응급실 진료를 위해 입실하는 제2 분류소, 코로나 검체 채취하는 선별진료소, 응급실 격리환자가 입실하는 격리구역, 심폐소생구역, 응급처치 후 상태 관찰하는 A, B, C 구역으로 나뉘어 있다. 응급환자는 제1 분류소부터 단계별 절차를 거쳐 코로나19 검사상 음성이거나 코로나 감염 노출 위험이 없는 이력이면 응급실내로 입실하여 치료를 받을 수 있었다. 심뇌 응급환자는 필요에 따라 음압카트를 이용하여 응급검사를 진행하는 상황이라 긴장 상태를 놓을 수 없었다.

일요일 오후 제1 분류소 텐트를 컨테이너로 바꾸는 작업이 진행되었다. 이날도 바람이 많이 불어 작업이 지연되었고 어두워진 다음에야 제1 분류소 진료 환경을 세팅하였다. 잠시의 휴식도 없이 선별검사를 받기 위해 몇 시간째 대기 중인 환자 진료를 바로 시작했다. 그러나 진료 시작 후 얼마 지나지 않아 갑자기 전등이 꺼졌다. 다행히 전산업무는 가능했다. 변전실에 급히 연락하여 전력 공급 장치 고장을 확인했으나, 바로 교체는 불가하여 보조

전력으로 실내 보조등만 달고 또다시 진료를 시작했다. 드라마나 영화에서나 보던 야전병원 느낌이었다.

응급병동 이브닝 근무 간호사 한 명을 제1 분류소에 배치했다. 레벨D 보호장구를 착용하고 감염관리지침 준수를 당부했다. 몇 해 전 메르스 상황 이후 또다시 겪게 되는 상황이지만, 두렵고 당황스럽기는 마찬가지였다. 하지만 의료인으로서 사명을 다하자 다짐하며 또다시 용기를 내었다.

응급병동 간호사 한 명은 격리음압병동으로 파견 가고 남은 인력으로 제1 분류소와 응급실 B, C 구역을 맡아서 환자를 간호했다. 며칠간 선별진료소를 보던 외상센터 간호사들은 선별진료소 근무가 불가하다는 운영지침이 거론되었다. 외상센터 간호사들이 보던 선별진료소와 응급병동에서 보던 제1 분류소 업무를 서로 맞바꾸기로 했다. 2월 25일부터는 응급병동에서 선별진료소와 응급실 B, C구역을 맡았다.

선별진료소는 응급실 격리 음압구역에 있었다. 전염성 질환 발생 시에만 사용하던 구역이라 선별진료 업무를 수행하기에는 불편한 환경이었다. 하지만 코로나 검사가 우선이었으니 불편한 환경에 적응해야 하는 건 의료진 몫이었다. 무서운 전파력을 가진 코로나19로부터 의료진을 보호하는 것은 안전한 보호구 착용과 손 위생을 포함한 철저한 감염관리지침 준수였다. 그래서 선별진료소 예진실 출입 시 3종 보호구(N95 마스크, 장갑, 일회용 가운) 착용은 기본이었고, 검사자와 직접 접촉하는 의료진은 방호복, 덧신, 고글까지 포함한 레벨D를 입었다. 보호장구의 압박으로 얼굴에는 깊게 자국이 남고 두통이 발생하며 온몸이 땀으로 젖었다. 이 상태로 하루 수 십 명의 코로나19 검사를 진행하기는 에너지 소모가 엄청났다. 의사, 간호사, 방사선사를 포함한 모든 의료진은 이 힘든 상황을 견딜 수 있는 것은 오직 사명감 그 하나였다.

응급실 B, C 구역도 3종 보호구 착용을 기본으로 하고 환자 접촉 시에는 5종 보호구(3종 보호구에 고글과 일회용 모자)를 착용했다. 불안정한 활력징후로 승압제와 산소 사용 환자가 많았고, 만성질환으로 요양병원에서 전원 온 고령의 환자도 많았다.

심폐소생 상황은 하루에도 몇 번씩 발생하였고, 인공호흡기 치료 환자도 많았다. 중환자실 수준의 간호업무는 응급병동 간호사들에게는 익숙하지 않아 업무 중압감이 매우 높았다. 하지만 응급실 간호사들이 아직 자가격리 중이었으니, 그들이 복귀하는 3월 초까지는 응급병동 간호사들이 이 일을 할 수밖에 없었다.

근무 중인 응급실 간호사들도 증가된 간호업무로 스트레스를 받기는 마찬가지였다. 두 부서 간호사들간 미묘한 갈등이 보이기 시작했다. 표면으로 드러난 큰 갈등은 아니었다. 예상치 못한 재난상황에 이런 갈등은 당연히 발생할 수 있으니, '이 또한 지나가리라'라고 여기며 부서원들을 격려하고 위로하며 상태를 지켜보았다.

연일 전쟁터 같은 상황에 응급병동 부서원들의 가족이나 지인, 익명의 대구 시민과 전국 각지에서 의료인을 응원하는 온정의 손길이 보내졌다. 생수, 커피, 이온 음료, 초콜릿, 파이, 쿠키, 홍삼, 피로회복제 등과 함께 보내온 그들의 응원 편지에 의료인으로서 자부심과 사명감이 더해졌고, 하루하루를 더 소중하고 감사함으로 이겨 나갔다.

재난상황에서도 인사발표는 있었다. 격리 음압병동으로 파견갔던 간호사는 그 병동으로 정식 인사발령이 났고, 응급병동에는 신규 간호사가 배치되었다.

병원 내에는 격리 음압병상이 추가로 설치되었고, 간호인력이 필요한 상황이었다. 그래서 응급병동인력 절반을 파견하겠다는 얘기가 들려왔다. 응급실 지원 근무 상태에서 하루가 다르게 바뀌는 집행부의 지침에 간호사들의 불만이 더해 갔다. 일부 간호사들은 사기 저하를 보였다. 이런 간호사들을 보듬어 격려하는 것은 수간호사인 나의 몫. 병원 집행부 나름대로 이유 있는 결정이었을 거라 대변하며 협조요청과 함께 감사와 응원을 보냈다. 결과적으로는 중환자실 경력 간호사 한 명만 파견하는 것으로 결정되었다.

코로나19 국가안심병원,
지역거점병원, 전담병원,
생활치료센터 운영 등등
의료기관마다
지역민의 생명과
건강을 위해 사투를 벌였다.
이에 대한민국 국민은
의료인을 영웅이라 칭하며
격려와 응원을 해 주었다.
이것이 한국인의 정(情),
의료인들의 버팀목이라고
생각했다.

3월 4일, KDMAT(한국재난안전센터)의 국내 하나뿐이라는 이동진료소생실이 응급실 앞에 설치되었다. 나는 필요한 소생 물품들을 모두 채워 진료 환경을 마련하였다. 제1 분류소와 선별진료소 준비에 이어, 또 한 곳이 운영 준비를 마쳤다.

자가격리에 들어갔던 응급실 인력들이 업무에 복귀하였다. 코로나19 확진자는 하루 수백 명씩 증가했고 환자의 중증도는 점차 높아졌다. 이런 변화에 대한 대처로 응급실 격리구역 내 음압치료실을 코로나19 확진자 치료실로 활용할 필요가 있었다. 그동안 보여준 응급병동 간호사들의 협조와 열정이라면, 코로나19 확진자 간호를 충분히 할 수 있겠다는 판단이 섰다. 그래서 응급병동에서 격리구역을 맡겠다고 제안했다. 그런데 격리구역 환자를 관찰할 중앙 모니터와, CCTV 모니터가 응급실 간호사실에만 있었기 때문에 환자 안전을 위해 격리구역 전담은 곤란한 것으로 판정되었다.

그러나 코로나19 확진자와 의심자를 전담한다는 것과 응급병동 간호사들의 독자적인 업무 공간이 생긴다는 장점을 생각하니 미련이 남았다. 그래서 격리구역 공사를 제안했다. 다행스럽게도 관련 부서의 빠른 업무협조 덕분에 공사는 순조롭게 진행되었다. 격리구역에 입실할 코로나19 의심자나 확진자의 중증도를 생각하여 응급병동 간호사들은 중환자실을 찾아가 인공호흡기 환자 간호를 배우며 확진자를 간호할 준비를 했다.

간호사들은 코로나 확진자를 간호하는 것이 두렵고 힘든 일이지만, 의료인으로서 사명이라 생각했다. 모든 준비가 완료된 3월 7일 데이 근무부터 응급병동 간호사들은 선별진료소와 응급실 격리구역을 전담하였다.

레벨D 보호구를 입고 기도삽관과 심폐소생술을 시행하고, 인공호흡기 환자를 간호했다. 심지어 급성신부전 환자의 지속적 신대체요법(CRRT) 관리도 했다. 하루하루가 정말 힘든 위기의 상황이었다.

응급실에 함께 파견 온 응급병동 간호조무사와 신규 발령받은 업무협력직 여사님도 격리구역 내에서 일하는 간호사들에게 필요한 각종 물품들을 수시로 보충해주고 필요한 지원을 정말 열심히 해주었다. 모든 것이 나에게는 코로나 위기를 이겨낼 수 있는 큰 원동력이었다.

코로나19 국가안심병원, 지역거점병원, 전담병원, 생활치료센터 운영 등등 의료기관마다 지역민의 생명과 건강을 위해 사투를 벌였다. 이에 대한민국 국민은 의료인을 영웅이라 칭하며 격려와 응원을 해 주었다. 이것이 한국인의 정(情), 의료인들의 버팀목이라고 생각했다.

코로나 생활치료센터가 개소되어 요양 중이던 확진자 수천 명이 입소 관리되었고, 칠곡경북대학교병원을 시작으로 보건소를 포함한 중소병원 여러 곳에 드라이브 스루 코로나19 선별검사가 진행되었다. 신천지교회 관련자의 코로나19 전수 조사가 막바지에 이르렀고, 대구 코로나19 신규 확진자 수가 점차 감소하였다. 이에 우리 병원 격리구역 선별진료소 방문자 수도 점차 감소되었다. 3월 10일부터는 격리구역 내 선별진료소와 응급실 앞 1분류소가 통합되었고, 격리구역은 격리치료실만 운영하였다.

대구 코로나19 확진자가 발생한지 3주가 경과했다. 우리 병원은 공공기관으로서 지역의 중환자 치료에 대한 책임과 의무가 더해져 격리음압치료실 증설 공사를 추가로 진행하였다. 또다시 인력논의가 병행되어 응급병동 간호사 9명을 파견하는 것으로 결정이 되었다.

잦은 지침 변경에 몸과 마음이 지칠대로 지친 우리 부서원들에게 하루만이라도 시간적 여유를 주어 격리음압병동 파견근무 의사를 결정하도록 하였다. 그날 오후부터 간호사들은 감정 조절이 좀 된 것인지, 어쩔 수 없으니 따르자는 것인지 알 수는 없었지만, 일부 간호사가 자발적으로 파견 의사를 보내왔다. 다음 날 아침까지 많은 간호사가 긍정의 답변을 주었다. 부서장으로서 부서원들의 협조에 가슴이 뭉클해 눈물이 났다.

파견자 명단에는 간호사들의 고충을 들어주고 보듬어 줄 수 있도록 최고 연차를 포함했다. 책임감을 안겨준 그 간호사에게는 개인적으로 미안한 마음이지만, 후배 간호사를 아우르는 부분에 대해서는 적격이라고 생각했기 때문에 내 결정에 후회는 없다. 간호부에 파견자 명단을 전달하고 나니 걱정 하나가 쓸려 내려간 듯 마음이 가벼워졌다. 나는 우리 부서원들의 자발성과 긍정적인 협조를 자랑하는 팔불출이 되고 말았다.

3월 14일 토요일, 응급병동 간호사 9명을 격리음압병동으로 파견하였고, 나머지 간호사들은 응급실 간호사들과 함께 응급실 격리치료실에서 코로나19 확진자 간호를 계속하였다.

중앙방역대책본부는 코로나19 방역에 최선을 다하고 있었고, 최악의 코로나 재난을 겪고 있는 대구시의 대응도 효과가 있었다. 소수의 집단도 통제가 어려운데 국민 전체를 관리하기가 얼마나 어려울까라는 생각에 나는 중본 구성원들의 노력을 아주 긍정적으로 평가했다.

모든 국민이 중앙재난본부의 지침을 전반적으로 잘 따랐다. 사회적 거리두기와 마스크 착용, 손 씻기 등을 잘 실천하고 있었다. 집단 감염을 우려한 학생들 개학은 연기를 거듭한 끝에 온라인 개학으로 바뀌어 가는 상황이었다. 중앙방역대책본부의 코로나19 정례 브리핑에 확진자는 감소하고, 격리 해제자는 증가했다. 상황이 점차 안정되고 있음을 느낄 수 있었다.

우리의 보금자리 응급병동으로 복귀 _2020년 3월 18일

응급실내 격리치료실 환자 수 감소와 중증도 저하 등 하루가 다르게 상황이 변했다. 병원 내에 폐쇄한 병동이 많아지니 코로나19 환자 치료 이외에 수술과 시술 대기자의 문제해결이 시급한 상황이었다. 이 문제를 해결하기 위해 어느 병동이든 재가동이 필요했다. 여기서도 응급병동 재가동이 제일 먼저 결정되었다.

응급병동은 권역응급의료센터 소속으로 본연의 역할(응급실 환자만 입원)이 있지만, 지금은 코로나 위기 사태로 응급환자가 아닌 수술, 시술 환자 위주의 외과, 정형외과 환자를 입원, 치료하기로 했다. 어떤 환자가 입원하든 우리의 꽃자리인 응급병동 재가동은 대환영이었다.

재가동 준비 과정에 병동 간호인력이 부족해 크고 작은 우려와 문제가 있었다. 하지만 업무복귀만을 생각하고, 긍정의 힘으로 모든 에너지를 다 쏟아 열심히 한번 해보자는 생각이 들었다. 3월 17일 오후 응급 병동은 재가동 준비에 들어갔다. 응급병동 부서원들의 파견 동안 노고에 대해 인정과 격려 차 간호부에서 찾아주셨다. 간호부장님과 간호사들이 자연스럽게 자리를 함께 해 면담이 이루어졌고, 간호사들은 파견 과정에서 받은 정신적 스트레스와 육체적 피로, 그 외 갖은 고충을 호소했다. 일부 부서원은 서러웠던 마음에 눈물을 보이기도 했다. 간호부에서는 코로나 재난상황 초기에 응급병동인력의 지원근무가 없었다면, 응급실 운영 자체가 불가능했으며, 잦은 지침 변경에도 적극적으로 협조하고, 코로나19 확진 환자를 안전하고 적극적으로 간호해 준 부서원들의 노고에 진심으로 감사와 격려를 해주셨다. 부서원들은 본인들의 노고와 업적을 인정받은 것에 의미를 두고 스스로 위로하였다. 물 흐르듯 전개되는 이 모든 것들이 감사했다. 축복의 순간이었다.

응급병동 재가동은 환자와 직원의 안전과 감염 관리를 최우선하였다. 코로나19 재난을 겪으면서 성숙한 우리 부서원들은 재가동 준비도 안전하고 전문가답게 했다. 아직은 미완의 부서 복귀이지만, 머지않아 모두가 무사 복귀하여 웃으며 함께 할 날이 올 것이다. 그때 이 일기를 펼쳐 부서원들에게 읽어주려 한다. '그대들이 코로나 재난 속 희망이었고 영웅이었다'라고 말해주고 싶다.

엄창숙 | 근로복지공단 대구병원

#임전무퇴의각오로

#대구병원_오리엔테이션현장

아빠는 코로나 간호 대장,
나는 나는 우리집 대장

유준열 | 부산역 선별진료소 유정록 간호사 가족

저는 부산 동구에 살고 있는 4학년 유준열입니다. 우리 아빠는 남자 간호사예요. 얼마 전 암 진단을 받고 휴직 중이었어요. 그런데 어느 날 아빠가 청도에 있는 대남병원으로 간다고 했어요. 아빠는 "코로나19 전염병과 맞서 환자를 돌볼 간호사가 부족하다는구나. 2주 정도 다녀오마"라고 말했습니다.

아빠가 없는 동안 엄마는 네 명의 아이들을 혼자서 돌보았습니다. 우리 집 첫째인 저는 엄마랑 같이 집안일을 도왔습니다. 동생들은 매일 떼를 쓰고, 막내 은열이는 날마다 울어대서 정말 힘들었어요. 하지만 엄마 아빠가 얼마나 힘들었는지 잘 알 수 있는

시간이었습니다.

세 살 막내는 아빠 사진만 봐도 “아빠, 아빠!”하고 찾아요. 택배 아저씨가 벨을 누르면 “아빠!”하고 달려 나가곤 했어요. 그렇게 힘든 시간이 조금씩 흘렀습니다.

2주가 지난 뒤 정말 아빠가 돌아왔어요. 막내는 아빠 곁에서 꼭 붙어서 떨어지지 않았지요. 그런데 둘째 여동생은 “아빠는 코로나!”라면서 한동안 피해 다녔습니다.

저는 아빠의 건강이 걱정스러우면서도 자랑스러웠어요. 왜냐하면 아빠는 코로나19와 맞서 국민을 보호하는 간호사니까요. 2주 동안 몸이 아픈 아빠가 코로나19에 걸릴까 봐 늘 걱정이었습니다. 하지만 이제는 걱정하지 않아요. 아빠와 함께 코로나19와 맞서는 의료진이 있고, 하나님이 계시는 한 전염병을 극복하고 다시 일어설 수 있을 거예요. 코로나19로 힘들어하는 전 세계 사람 모두 힘내세요. 파이팅!

아빠가 의료진으로 일해써다
그대는 아빠가 코로나에 걸릴까바
무서워다 그레서 매일매일 기도
했다
아빠는 무상이 코로나에 안 걸리고 무사이
집으로 도라와다
그때 네 마음은 너무 조와다.

유준열 동생 유예인

유준열 동생 유예진

국가감염병전담병원에서 간호활동을 펼치며, 겨울부터 봄까지 코로나와 맞선 시간들

김다이 | 근로복지공단 대구병원

2020년 2월 27일(목)

지난 1월 국내에서 코로나 첫 확진자가 나왔다. 그때까지만 해도 내가 사는 대구에 코로나 확진 사태가 발생할 줄은 꿈에도 몰랐다. 지난 주말 뉴스를 통해 우리 병원이 코로나 감염전담병원으로 지정되었다는 소식을 접했다.

월요일 병원에 출근하니 내일까지 입원 환자들을 모두 퇴원시키라는 조치가 있었다. 환자들이 퇴원하면 병상이 2백 개 정도가 마련되고, 그곳에서 자가격리 중인 코로나 확진 환자들을 입원 치료할 준비로 분주했다. 신천지 사태로 코로나 확진자가 생각보다 빠르게 확산하였고, 천여 명이 넘는 환자들은 입원할 병상과 의료진이 턱없이 부족한 상황이었다. 내가 근무하는 병원은 공공기관병원이기 때문에 서둘러 코로나 전담병원으로서 의료체제를 바꾸었다.

병동에는 이전에 없던 유리막이 생겼고 환자들이 사용하는 식기는 일회용으로 준비했다. 코로나 확진 환자가 사용한 물건은 감염 우려가 있기 때문에 병상마다 의료용 폐기물 상자를 가져다 놓았고, 손 소독제도 침상이나 병동 곳곳에 놓아두었다. 특히 레벨 D 보호구 착용 방법을 비롯해 장비 사용법을 연습하였다. 물품 구매와 청소, 시스템 점검 등까지 4일이 소요되었다. 이제 28일부터 코로나19 확진자들을 치료하고 간호할 준비가 끝났다.

레벨D 보호복과 장비를 착용한다고 해도 100% 코로나 바이러스로부터 안전할 수 없다. 그렇기 때문에 가족에게 피해가 가지 않도록 외부에서 숙박하며 생활하기로 했다. 나뿐만 아니라 대부분 간호사가 같은 생각이었다. 이 중에는 심지어 아기가 이제 20개월인 동료 선생님도 있다. 공공기관병원에서 일한다는 이유만으로 우리 병원 간호사들은 본인의 생각과 관계없이 코로나 환자를 간호하게 되었다. 민간 의료진을 모집하면서 제시하는 조건의 반도 안 되는 보수를 받으면서, 코로나와 맞설 생각을 하면 속상할 때도 적지 않았다. 하지만 대한민국의 간호사로서 책임과 환자를 돌봐야 할 사명에 최선을 다하리라고 생각했다. 우리 병원 모든 사람이 같은 마음이었다.

2020년 2월 28일(금)

환자들이 입원하기 시작하는 첫날이다. 오후 3시 이후부터 구급차를 타고 환자들이 들어온다고 하는데, 첫날은 데이 근무였기 때문에 근무하는 동안 환자들이 입원하기 전 병동 세팅을 최종적으로 마무리하였다. 에어로졸 감염 우려가 있기 때문에 병실마다 문밖으로 비닐을 설치했다. 코로나 확진 환자들이 입원해 있는 동안 사용하지 않는 모든 공간은 병동 간호사들이 직접 비닐로 봉쇄하고, 환자들이 사용할 병실을 확인하고 코로나19 환자 주의 사항 및 입원 안내문도 새로 준비하였다. 재활전문병원이던 우리 병원이 코로나19 감염병전담병원이라는 역할로 새롭게 모든 업무 프로세스를 만들어나갔다.

2020년 3월 1일(일) ~ 2020년 3월 3일(화)

이브닝 근무 첫날 출근을 해보니, 이미 다른 두 병동에는 코로나 확진자인 환자들이 100명 가까이 입원하였고, 우리 병동은 아직 10명 내외의 환자들이 입원한 상태였다.

출근하면 모든 간호사가 탈의실에서 보호복 안에 입을 특수복 유니폼으로 갈아입었다. 그 후에 같이 근무하는 선생님과 보호복으로 환복하고, 다 같이 병동으로 이동하였다. 근무는 데이·이브·나이트 모두 한 임무에 배치된 간호사들이 A, B조로 나누어 8시간 근무하는 동안 2시간씩 교대로 병동에 투입되었다.

레벨D 보호복을 입고 N95 마스크와 고글을 쓰고, 얼굴 이외의 신체 부위가 노출되지 않도록 했다. 조금 뒤 숨쉬기가 힘들고, 고글에 눌린 까닭에 두통에 시달렸다. 두통은 첫 번째 2시간 근무 때보다, 두 번째 투입된 2시간이 더욱 심했다. 레벨D 보호복은 사흘이 지나도 여전히 적응하기 힘들었다.

2시간 근무 후 B조가 활동하는 동안 병원 밖에 설치한 임시 휴게실에서 식사와 휴식을 취했고, 화장실 및 퇴근 전 이용하는 샤워실 또한 마찬가지였다. 보호복을 입고 근무에 투입할 때는 당연히 개인물품 및 휴대폰은 소지할 수 없기 때문에 휴게 시간 동안 가족 및 지인들에게 온 연락을 확인했다. 마스크와 고글은 착용할 때부터 압박이 심하고, 벗은 뒤에도 오랫동안 자국이 남았다. 근무하는 3일 동안 이마에 새겨진 한 줄이 지워질 즈음 다시 한 줄이 생기곤 했다. 물리적인 피로감 외에도 거울을 보면 우울감과 정신적 스트레스에 시달렸다.

3월 3일, 일주일 만에 우리 병원의 코로나19 환자 병실이 가득 찼다. 감염병전담병원은 아직 많은 간호사에게 익숙하지 않았고, 많은 의료진이 감염병 환자만을 진료 및 간호하게 되는 현재 같은 상황에 익숙하지 않다. 지금까지도 우리 병원의 업무 프로세스는 조금씩 바뀌고 있고, 간호사들은 기존 병원과는 조금 다른 환자들의 컴플레인을 어떻게 해결할지 고민이 컸다. 코로나19 대구 확진자가 늘어나고, 감염병전담병원 준비를 한 지 2주 가량 된 거 같은데 체감 상 느껴지는 기간은 벌써 2달 정도가 흐른 느낌이다. 충분한 의료진을 확보하지 못한 채 급박하게 돌아가는 근무, 파견간호사 인력 수에 따라 변경이 잦아 하루 전날 저녁이 되어서야 나오는 근무 시간표 같은 부분이 힘들었던 것 같다. 마음의 여유가 없을 뿐더러 시간적 자유가 허용되지 않는다는 것에 힘이 들기도 했다.

2020년 3월 6일(금) ~ 2020년 3월 9일(월)

코로나 전담병원으로 체제가 바뀐 지 2주가 지났다. 초기보다 시스템이 잡혀가고, 보호구와 장비 착·탈의 시간도 처음보다 줄었다. 환자들은 주치의 확인 하에 엑스레이, 혈액 검사를 주기적으로 체크하고 있다. 입원 며칠 뒤 코로나 감염에서 폐렴으로 상태가 나빠지는 경우도 있고, 반대로 증상이 나아지는 환자도 있다. 우리 병동에는 52명의 환자가 입원했고, 그중 2명이 증상이 호전되어 코로나 확진자 검사인 PCR을 할 예정이다. PCR 검사는 24시간 간격으로 2회 이상 음성이 나올 경우 환자는 완치 판정을

가족이나 주변 지인들에 대한
소중함과 고마움을
다시 한 번 느낀다.
고마운 마음에
에너지가 솟는다.
사명감으로 좀 더 최선을
다해야겠다는 다짐을 했다.

받고 퇴원을 할 수 있다.

현재 대구·경북 지역뿐만 아니라 전국 각 지역에 국가 소속 병원들이 코로나 환자 감염병전담병원으로 지정되었다. 친구 중에 우리 병원이 아닌 다른 코로나19 전담병원에서 근무하는 간호사들이 몇 명 있다. 얘기를 해보니 병원마다 환자의 중증도 및 환자를 간호하는 병동의 업무 스타일이 조금씩 달랐다.

오염구역과 청결구역을 설정하여 의료진들을 보호하고, 개인위생과 감염 방지에 주의한다면 크게 우려할 사항은 발생하지 않는다고 생각했다. 아직 우리 병원 내에는 완치 판정을 받고 퇴원한 환자는 없지만, 하루빨리 입원한 환자들이 완치되어 퇴원했으면 좋겠다. 또한 입원하고 싶어도 병상이 부족해 치료받지 못하는 확진자들도 줄어들었으면 하는 마음이다.

코로나 전담병원 간호사로 근무하면서 힘든 점도 있고, 속상한 부분들도 있다. 하지만 가족이나 주변 지인들에 대한 소중함과 고마움을 다시 한 번 느낀다. 너무 당연하던 일상의 소중함도 알 수 있고, 친한 친구들뿐만 아니라 지인들의 걱정과 응원도 너무 감사하다. 대구시뿐만 아니라 여러 지역에서 코로나 의료진을 응원해주었고, 간식부터 시작해 손 소독제와 마스크 등의 후원이 끊이지 않는다. 고마운 마음에 에너지가 솟는다. 사명감으로 좀 더 최선을 다해야겠다는 다짐을 했다.

2020년 3월 13일(금)

코로나 확진자들이 입원한 지 2주가 지났다. 며칠 전부터 증상이 완화된 환자들이 PCR 코로나 확진 검사를 진행하기 시작했고, 2회 모두 음성이 나오면 퇴원했다. 환자가 퇴원하면 사용한 환자복이나 이불 및 용품은 모두 폐기하고, 침상을 소독 후 새 환자가 입원할 수 있도록 준비한다. 병원에서 일하면서 수없이 많은 환자가 입·퇴원 하는 것을 보았지만, 전염병 환자의 입·퇴원은 환자들이 이동하는 경로부터 시작해 간호사가 신경 써야 할 부분이 기존 환자와는 다르다.

다른 환자들이 퇴원하는 모습을 보면서 남아있는 환자들도 얼른 완치 판정을 받고 퇴원하길 원한다. 하지만 PCR 검사 여부는 환자의 주치의가 매일 환자의 상태를 확인하며 결정하고 진행한다. 대부분의 환자가 협조적이긴 하지만 간혹 빨리 퇴원하고 싶은 마음에 PCR 검사를 재촉하는 환자들도 있다. 입원 기간 계속 불만을 토로하는 환자와 마주하면 하루 일이 수십 배 힘들어진다. 하지만 이해할 수밖에 없다. 견디는 것도 어쩌면 우리의 일이라고 생각했다.

2020년 3월 14일(토) ~ 2020년 3월 15일(일)

레벨D 보호복을 입고 처음으로 나이트 근무를 했다. 평상시에도 삼교대 근무는 피곤하지만, 보호복을 입고 나이트 근무를 하는 건 마치 벌을 받는 느낌이다. 환자들은 모두 자고 있기 때문에 특별한 일이 발생하지 않지만, 몸도 마음도 피로도가 서너 배 이상이다. 나이트 근무도 데이, 이브닝 때와 마찬가지로 2시간씩 교대한다. 쉬는 시간은 인계 및 보호복 착·탈의 시간을 제외하면, 대략 1시간이 조금 넘는다. 나이트 때는 휴식 시간 동안 간호사들이 누워있을 수 있는 휴게 공간이 마련되어 있다.

2020년 3월 18일(수)

최근 PCR 검사를 진행하는 환자가 많아지고 있다. 각 병동마다 환자들이 조금씩 퇴원을 하고, 그 자리에 또 다른 환자들이 입원하고 있다. PCR 검사를 할 때에는 병동 간호사가 환자들에게 전체 병동 방송을 통해 검사가 예정된 환자들을 부른다. 검사할 환자 수가 적은 경우에는 방송이나 검사가 빨리 끝난다. 그러나 검사 예정자 수가 많은 경우에는 빠진 환자가 없도록 다시 체크해야 하고, 검사를 하는 공보의들도 환자와의 접촉 시간이 길어지기 때문에 조금 더 주의해야 한다. PCR 검사 후에는 진단 검사 의학과에서 검사한 검체를 수거해 간다. 결과는 보통 검사 다음 날에 나오게 되지만, 검체가 너무 많아 늦어질 경우 하루 더 늦어지기도 한다.

2020년 3월 27일(금)

우리 병원이 코로나19 감염병전담병원으로 운영한 지 한 달이다. 그동안 보호복을 입고 벗는 속도는 눈에 띄게 빨라졌지만, 보호복을 입고 근무를 하는 시간은 아무리 지나도 적응하기가 힘들 것만 같다. 날씨가 풀리고 대구의 한낮은 20℃를 넘어갈 때도 있는데 그런 날이면 근무 투입 전부터 얼굴에 땀이 맺힌다.

환자가 입원하고 4주가 지나면 200명 안팎의 환자들 중 거의 절반이 퇴원하고, 또다시 새로운 환자들이 입원한다. 환자들이 입원해 있는 동안 컴플레인이 많은 날은 힘이 들기도 하지만, 완치 후 퇴원을 하면서 고마움을 표현하는 환자들에게 감동받기도 한다.

우리 병원이 코로나 전담병원으로 지정된 후 타 지역의 공단 산하 병원 간호사들뿐만 아니라 대구시에서 모집한 민간의료인력인 간호사들도 함께 근무하고 있다. 전담병원인 근로복지공단 대구병원에 소속된 우리는 병원이 코로나 전담병원의 역할을 마무리할 때까지 계속 근무하지만, 파견된 의료인력의 경우 2~3주 동안 기간을 정하여 의료 지원을 나온다. 그동안 2주 동안 파견 온 각지 공단 산하 병원 선생님들이 두 차례 투입되었고, 이제 또 새로운 간호사들이 온다고 한다. 전담병원에서 근무를 마친 간호사들은 PCR 검사 후 결과에 상관없이 2주간 선택적 자가격리를 한다.

오지 않을 듯한 봄이 찾아왔다. 그러는 동안 환자들이 새로 바뀌고, 파견 간호사들도 새로 도착했다. 우리 병원이 코로나19 전담병원 역할을 언제까지 지속할지 모르는 상황이다. 이제 날씨까지 더워지니 레벨D 보호복을 입고 근무를 하는 게 너무 힘들다. 날씨가 더워도 좋으니 마스크 없는 평화로운 일상을 빨리 되찾고 싶다.

2020년 4월 6일(월)

다른 대학병원이나 의료원과는 달리 재활전문병원인 우리 병원이 코로나19 감염병전담병원으로 지정되면서 4개뿐인 전체 병동에 코로나 환자가 입원하게 되었다. 기존 근로복지공단 대구병원 직원인 간호사들은 선택의 여지없이 코로나19 최전선에 나서야 했고, 현재도 여전히 보호복을 입고 끝을 모른 채 근무하고 있다. 그나마 다행인 건 급속도로 늘어나던 대구 코로나 확진자 수가 급격히 줄어들었다. 200명 가까이 되던 환자들이 완치 판정을 받고 많이 퇴원하여, 현재는 병원 전체에 60명 정도의 환자들이 입원 중이다.

다시 재활병원으로 오픈하기 위한 방역도 실시해야 하기 때문에 환자들에게 양해를 구하고 3층 51병동으로 모두 이동했다. 환자들이 모두 짐을 싸고 전실을 간 후에는 직접 퇴원 침상 및 병동 정리를 하였다. 환자들이 쓰던 시트·베갯잇·물품 등을 소독 및 폐기하였고, 전실 간 병동에서 사용할 수 있는 여분의 용품은 51 병동에서 사용하도록 했다. 날씨가 더워진데다 보호복을 입고 움직이니, 2시간이 지나 나올 때쯤엔 안에 입었던 수술복이 땀에 젖어 있었다. 우리 병동을 정리했다고 더 이상 코로나 전담병원을 운영 안 한다는 의미는 아니지만, 그래도 상황이 나아진다는 의미인 거 같아 조금은 뿌듯한 하루였다.

2020년 4월 7일(화)

새로운 병동에 배치된 첫날이다. 같이 일하는 선생님들도 바뀌고 근무하는 병동도 달라졌다. 처음에는 조금 걱정했지만, 평소와 다름없이 보호복을 입고 근무했다. 새롭게 배치된 이 병동에서 근무 기간이 얼마나 길지 모르고, 현재 입원 중인 대부분의 환자가 완치 후 퇴원하더라도 대구시에서 코로나 감염병전담병원을 지정했던 것처럼, 감염병전담병원을 정리하라고 사인이 떨어져야 병원 측에서 정리를 할 수 있다고 한다. 끝까지 지치지 않고 최선을 다할 수밖에 없는 상황이다. 끝을 모르는 이 상황에서 답답한 생각도 든다. 새로운 병동에서 일하는 첫날이니, 마음을 다잡아야겠다.

2020년 4월 21일(화)

우리 병원이 코로나 전담병원으로 지정된 지 2달째 접어들었다. 그동안 2월 말 31번 환자를 기점으로 증가하던 대구 확진자 수도 어느새 점점 줄어들어 얼마 전에는 대구 확진자 0명을 기록하기도 했다. 코로나19 확진자 수가 줄어드는 만큼 자연스레 우리 병원에 입원하는 환자들도 줄었다. 얼마 전 4층 병동을 폐쇄한 후 3층으로 병동을 합치면서 더 이상 민간의료인력은 지원받지 않고 있다. 이제 우리 병원의 간호사들만으로 병동인력을 채워 근무를 하고 있다.

나는 선발대로 2주간 자가 모니터링을 하게 되었다. 함께 일을 시작했던 모든 간호사가 함께 근무를 마무리하고 자가 모니터링에 들어가지 못해서 마음이 조금 무거웠다. 4월 21일 출근 당일 단톡방을 보고 공지를 확인하였다. 레벨D 보호복을 입는 마지막 근무라고 생각하니 마음이 홀가분하기도 하면서, 남아서 조금 더 근무해야 하는 다른 선생님들에게 미안한 마음이다.

자가 모니터링에 들어가는 첫날 시행한 PCR 코로나 확진 검사는 다음날 결과가 나왔다. 다행히도 검사한 의료진 모두가 음성이었다.

2020년 4월 28일(화)

우리 병원은 코로나19 감염병전담병원 지정 두 달 만에 코로나 환자들이 모두 퇴원함으로써 전담병원 지정이 해제되었다. 남아서 근무하던 선생님들을 생각하면 마음이 무거웠는데, 드디어 직원 모두가 자가 모니터링 기간을 가진다고 하니 마음이 한결 놓였다.

끝나지 않을 것만 같던 코로나 의료진 근무를 무사히 마무리했지만, 아직까지 방심은 금물이라는 여론이 계속 나오고 있다. 그래도 해외 다른 나라들과 비교해 봤을 때 우리나라의 코로나19 확진자 감소율 및 코로나 환자의 완치율은 단연 눈에 띄었다. 코로나 의료진으로 일하는 동안 힘들 때도 많았지만, 보람을 느끼고 감동을 받을 때도 많았다.

다른 선생님들에 비하면 아직까지 간호사로서 경력도 적고 부족하지만, 이번 코로나19 의료진으로 근무하면서 배운 점도 많았다. 감염병 환자를 간호했던 경험이 앞으로 간호사로 일을 하면서 도움이 될 듯싶다. 또한 의료진이기 전에 국민이자 대구 시민으로서 아직까지 코로나 환자를 간호하는 간호사 및 멀리서 대구까지 파견 나와 함께 근무하고 도와준 간호사 선생님들께 모두 감사한 마음이다.

김민주 | 근로복지공단 대구병원

#임시컨테이너_조명발 #기분은_루프탑처럼 #나이트휴식

코로나19와 맞선 5단계, 100일간의 기록

이승희 | 경희의료원

“우리 2월에 오프 신청하고 중국 윈난성으로 여행갈까?”

같은 병동에서 함께 근무하는 동기에게 1월 초에 했던 말이다. 이때는 코로나라는 명칭도 없었고, 중국 우한에서 폐렴 환자가 발생했다는 짧은 기사만 나오던 시기다. 그때는 이 폐렴이 감염병 최고 등급인 코로나 팬데믹으로 커지리라고 꿈에도 생각 못 했다. 결국 여행은 취소했고, 바이러스는 한 달 만에 전 세계를 강타했다. 이제는 코로나19가 영향을 미치지 않는 지역이 없을 정도로 확산되었다. 3년 차 간호사로서 담담하게 전하기 어려운 코로나 사태와 맞선 지난 100일간의 일상을 기록으로 남긴다.

1단계 변화의 바람_1월 말 ~ 2월 초

국내에서 코로나 감염 환자가 보고되면서, 병원 전체에 감염병 확산을 방지하기 위한 몇 가지 변화가 생겼다. 우선 분산된 병원 출입구를 모두 통제하고 열화상 카메라를 설치한 곳만 열어두어 병원 방문자를 관리했다. 상주 보호자를 제외한 모든 방문객을 제한했으며, 그마저도 매일 아침 체온을 재며 장부에 기록했다. 마스크 착용은 필수였다. 병원에서는 기존에 없던 선별진료소를 운영하며 응급실과 호흡기내과가 폐쇄되지 않도록 노력했다.

2단계 긴장감의 시작_2월 중후반

정부가 코로나 검사 대상을 모든 폐렴 환자로 확대하면서 호흡기 내과의 긴장은 커졌다. 공기주의 격리지침을 적용하였고, 결핵환자를 치료하던 7개의 음압병실이 점차 코로나 관련 입원실로 바뀌었다. 간호사들은 레벨D라는 전신 보호구를 착용하고, 병실 내에서 원인 불명의 폐렴과 발열을 주로 호소하는 코로나 의심 환자를 우선적으로 살폈다.

코로나가 메르스보다 치사율은 낮았지만, 확산 속도가 훨씬 빨랐기 때문에 매일 긴장의 연속이었다. 환자가 올라오면 검사 결과를 확인할 때까지 모든 움직임이 제한되기 때문에, 환자를 볼 수 있도록 하는 환경을 만들기 위해 간호사들은 고군분투했다. 오염

구역과 비오염구역을 나눴다. 환자 방에 환자의 활력증후 측정을 위한 기기를 단독으로 넣었고, 격리 시 할 수 있는 검사와 격리 해제 후 실시하는 검사를 분리했다.

코로나에 관한 국민 모두의 경각심이 지금보다 덜하던 시기였기에, “내가 왜 격리 대상이 되어야 하느냐”라고 이해하지 못하는 보호자들도 많았다. 동의하지 못하는 보호자로 인해 언성이 높아지는 경우도 많았고, 보안팀 직원이 올라올 때도 있었다. 2월 중후반 경, 국내 신종 코로나 확진자가 600~700명을 돌파하면서 코로나는 ‘심각’ 수준으로 격상되었다. 정부의 지침을 정리하고 원내에 발표하는 감염관리실, 응급실과 호흡기내과, 감염내과는 비상이 걸렸다.

3단계 코로나 대응 준비_2월 말 ~ 3월 초

확진자가 국가지정 격리병상 수(190병상)는커녕 전국에 있는 음압병상 수(1,027병상)를 훨씬 웃돌았다. 병상이 부족해 자가격리를 하는 환자들이 늘어났다. 코로나로 인한 사망자의 수도 증가했고 그중에는 제대로 된 치료를 받지 못해 사망하는 환자도 포함되었다. 그러다가 3월 초, 우리 병원 구성원들은 병원으로부터 다음과 같은 내용을 포함한 문자를 받았다.

“급증하는 확진자를 수용하기에는 국가적 의료자원으로는 한계에 다다랐습니다. 이러한 상황에서 국가에서는 상급종합병원 중심의 민간병원에도 확진자 수용 가능 여부를 타진하고 있으며, 우리 병원도 동일한 요청을 받게 되었습니다. 수많은 논의 끝에 국가적 재난사태에서 의료기관으로서의 사회적 책임과 의료인으로서의 사명감을 고려하여, 오랜 고심 끝에 국가의 요청을 수용하기로 결정하였고, 상황이 급박한 확진자를 치료할 예정입니다.”

병동 가운데에 ‘출입통제구역’이 커다랗게 붙었다. 사용하던 기존의 엘리베이터가 반으로 분리되며 한쪽이 완전히 폐쇄됐다. 병동을 가로지르는 중앙의 큰 복도를 기준으로 기존 운영하던 50병상의 호흡기내과병동은 반으로 나뉘었다.

기존에 있던 7개의 1인실 음압병실을 개조하고 공사해 3명의 확진 환자를 볼 수 있도록 만들었다. 확진자를 치료하는 의료진이 감염되지 않도록 전실·후실·샤워실을 만들었다.

확진자에게서 나오는 폐기물이 바깥으로 퍼지지 않도록 하는 폐기물 보관실, 확진자에게만 사용할 의료기기장비 보관실, 장비 소독실 등을 만들었다.

또한 portable X-ray(휴대용엑스레이) 와 같은 기본적인 의료장비부터 중증의 코로나 감염환자가 입원할 경우를 대비해 중환자실로부터 ventilator(인공호흡기), ECMO(체외막산소화장치), CRRT(지속적신대체요법), LUCAS(자동심폐소생기) 등의 기계가 이곳으로 이동해왔다.

병원 전체적으로 중환자실 경력이 있는 간호사를 모집해 코로나 확진 환자를 돌보는 22명의 간호사 팀을 꾸렸다. 간호사 면허증을 가진 지 6개월이 된 신입 간호사부터 30년을 앞둔 사람까지 모여 새로운 격리병동 오픈 준비를 했다. 짧은 시간 동안 일어난 급격한 변화에 구성원 모두가 버거웠지만, 병원을 지키며 국가적 재난에 대응하기 위한 다른 방법은 없었다. 이 시기 원내 감염관리실과 병동의 책임자에게는 주말과 밤낮이 없던 것으로 기억한다.

4단계 코로나 확진방과 선제격리실의 운영

3월 10일경, 대구로부터 첫 번째 코로나 확진자를 받은 이후 경희의료원은 약 2달간 의료진 감염 없이 코로나 확진자를 돌보았다. 격리방의 한 간호사의 가족들은 “왜 하필 네가 그 방에 가야 하니”라며 걱정하다가도, 국가적인 재난상황에 큰 힘이 되고 있다는 것이 자랑스럽다고 말해주었다. 장갑을 세 개씩 착용하고도 샘플링할 수 있다는 것에 스스로 대견했다가도, 겹겹이 낀 장갑으로 인해 혈액순환장애가 생겨 발생한 손가락 통증과 경련으로 힘들었다.

음압격리실 내부와 청결구역인 간호사 스테이션의 의사소통을 위해 착용한 인이어로 인해 귀에 상처가 생기고 이명이 생겼다. 24시간 가동되어야 하는 음압시설로 인한 소리를 참아야 했고, 이로 인해 두통을 호소하는 사람도 생겼다. 감염 관리에 철저히 신경 썼지만, 간혹 호흡기 증상을 보이는 간호사도 있었다. 다행히 의료진 감염자는 단 한 명도 발생하지 않았지만, 확진 환자의 병실에서 업무 수행 중 환자가 기침할 때마다 불안감이 엄습했음은 부정할 수 없었다. 그들은 전부 평균 한 달이라는 재원 기간을 거쳤고, 길게는 두 달의 입원 기간을 보내고 있다.

대한민국은 메르스 사태를 겪으며 감염병 대응에 보다 나은 지침을 마련했고, 현재 코로나를 겪으며 그것을 수행 중이다. 그럼에도 불구하고 레벨D 방호복의 수량이 충분하지 못하던 때, 레벨D 방호복에서 불량품이 발생했을 때, 원래는 일회용인 PAPR(전동식 호흡기보호구)을 재사용해야만 할 때, 코로나 사태의 끝에는 보다 나은 간호환경이 만들어지길 모두 간절히 기도했다.

외부와의 접촉을 최소화하기 위해 이발 시기를 늦춘 간호사도 있었고, 또 누군가는 병원에서 숙식하기도 했다. 대구에서 열흘 동안 열이 떨어지지 않아 죽음에 대한 공포가 심했던 환자가 본원으로 전원 오면서 '천국에 온 것 같다'라고 표현했을 때

그 상황에서 내가
할 수 있는 말은
“제가 옆에 있잖아요.
걱정하지 마세요.
제가 도와드릴 테니
함께 힘내세요”
밖에 없었다.
진심으로 그 말을
계속했다.

감사한 마음이 들었다. 인근 유치원에서는 코로나로 고생하는 의료진을 위해 아이들이 직접 격려의 편지를 써 음압 방으로 보내주었다. SNS를 통해 자신의 아이가 급성백혈병으로 치료받던 때 구매했던, 사용하지 않은 1860s 의료용 N95 마스크를 보내 준 사람이 있었다. 많은 사람이 의사와 간호사에게 직접 기부할 방법을 묻기도 했다.

정부의 방침에 따라 코로나 검사 대상이 모든 폐렴 환자로 확대되던 순간, 병원은 중증의 폐렴 환자를 돌보는 '폐렴 선제격리실'을 만들어 운영했다. 코로나 '음성'이 확인될 때까지 혹시 모를 경우를 대비해 먼저 격리를 시행하였고, 지역사회 감염을 줄이고 일반 환자들을 보호했다. 5명의 선제격리팀 간호사는 지난 2월 5일부터 5월 6일까지 약 90명의 중증 폐렴 환자를 받았다. 약 20명의 환자에게서 연명의료중단을 받았다.

중증의 폐렴 환자 세 명을 선제격리에 준해 하루를 보고 나면 온몸에 힘이 소진되었다. 공기 주의와 접촉 주의 격리지침을 적용하기에 보다 세세한 입원 설명이 필요하다. 누군가는 코로나 확진자가 될지도 모른다는 두려움에 입원 시에 눈물을 보이고, 그들 중 누군가는 어린 딸을 둔 엄마였다. 나 역시 코로나 기간 폐렴으로 외조부를 잃었기에 두려움에 떠는 환자와 보호자의 마음을 이해할 수 있었다.

병실 안 환자가 기댈 사람은 간호사가 유일했기에 2~3시간에 한 번씩 환자 상태를 확인하기 위해 N95 마스크와 일회용 가운을 입고 장갑을 착용한 채 병실 안에 들어갔다. 환자와 보호자에게 "검사 결과를 확인할 때까지는 이곳에서 있어야 한다"라고 말했다. 그 상황에서 내가 할 수 있는 말은 "제가 옆에 있잖아요. 걱정하지 마세요. 제가 도와드릴 테니 함께 힘내세요" 밖에 없었다. 진심으로 그 말을 계속했다.

끼니때마다 식사를 넣어주고 물을 사 오지 못한 환자의 경우 마실 물을 떠다 주었다. 'low flow system'에서 'high flow system'으로 산소를 증·감량 할 때면 30분이고, 1시간이고 병실 안에서 상주하며 환자를 살펴보았다. 입원 환자의 옷을 갈아입히고 기저귀와 시트를 교환하면 금세 땀범벅이 된다. 그럼에도 불구하고 코로나 검사 결과가 '음성'임을 전할 때 그렇게 행복할 수가 없었다.

응급실에서 내시경실을 경유해 선제격리실에 도착한 환자의 초기 혈압과 맥박이 잡히지 않아 CPR(심폐소생술)을 했을 때가 생각난다. 환자가 뱉어낸 'hematemesis(토혈)'로 병실이 피투성이가 되고, 병실 문과 전실 문이 함께 열리며 음압이 깨지는 상황이 발생했다. 감염노출의 위협에도 포기할 수 없었던 이유는 코로나로 잃기에 너무나도 아까운 것이 '생명'이었기 때문이다.

5단계 코로나 종식, 간호환경 개선의 기원

의료진은 확진 환자 치료로, 시설 관리팀은 24시간 1분 1초도 쉬지 않고 가동되어야 하는 음압시설로, 청소 관계자는 매일 쏟아지는 많은 양의 격리 의료폐기물로, 약국은 마스크 판매로, 마스크 공장은 증가한 생산량으로, 택배기사는 늘어난 배송량으로, 자영업자들은 줄어든 소비로, 코로나 사태로 인해 모든 국민이 너나 할 것 없이 각각이 힘든 시간을 보내고 있다.

그중 간호사는 몇 시간이고 레벨D 전신 보호구를 입고 직접 환자를 돌봐야 한다. 이외에도 락스 희석액으로 바닥을 청소하는 환경 정리, 제대로 감염관리 교육이 되지 않은 수많은 병동 출입자들에 대한 재교육 등을 감내하며 업무에 임하고 있다. 교대근무자이기에 자주 대체될 수 있는 인력으로 치부되지만, 병원에는 간호사만이 할 수 있는 일들이 많다. 더불어, 기존 호흡기내과 인원의 반절이 격리 방으로 들어가면서, 나머지 인원이 평상시의 두 배 해당하는 업무를 수행하며 일반 호흡기내과병동 환자를 살펴야 했다.

간호환경 개선에 대한 절실한 요구는 병원에 위기가 찾아왔을 때 더 절실하다. 간호사들이 소중한 생명을 지켜내는데 다치지 않기를 소망한다. 지금 이 순간에도 코로나 현장을 지키는 수많은 간호사가 있다. SNS를 통해 코로나로 고생하는 의료진에게 감사를 전하는 '덕분에 챌린지'가 너무나도 고마운 요즘이다. 많은 숨들이 삶에 붙어있기를 희망한다. 꼭 그럴 것이다. 코로나 종식이 선언되는 날, 모두 함께 손잡고 너무 수고 많았다고 꼭 말하고 싶다.

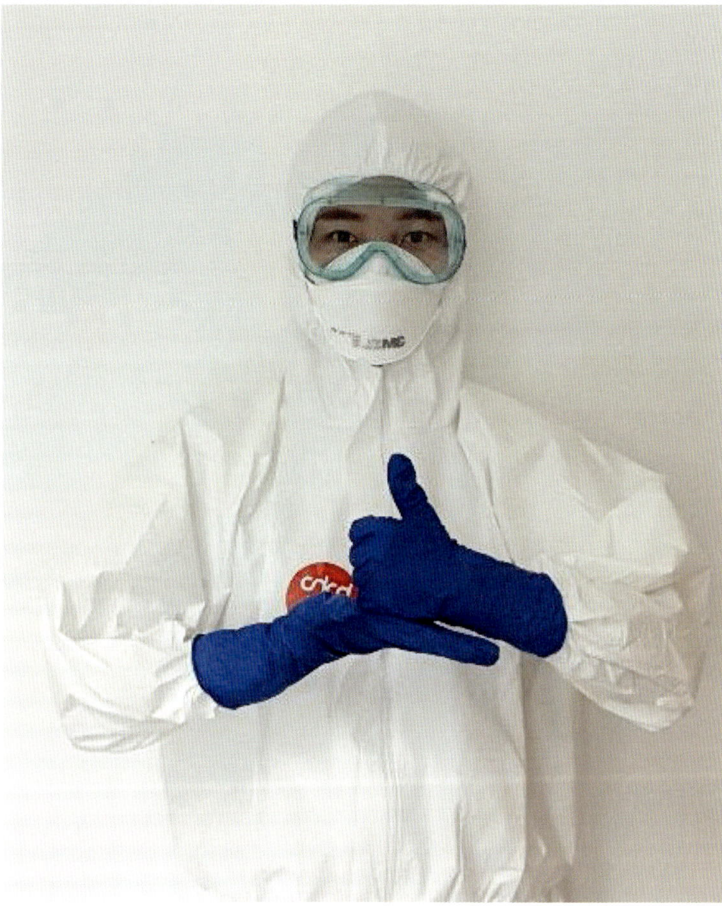

김미선 | 부산의료원

#덕분에챌린지

#덕분에_우리도_힘을냈어요

코로나19, 이제 곧 너의 시대도 끝날 거야
왜냐면 우리 엄마가 그렇게 만들 거야!

김서현 | 박미정 간호사 가족, 상영초등학교

그날은 쌀쌀했고, 집 분위기도 날씨처럼 차가웠다. 신천지 사태로 확진자 수가 늘어났고, 엄마가 일하는 곳이 코로나 지정병원으로 바뀌었다. 이제 내일부터 엄마는 코로나와 맞서 싸우러 가야 했다. 나는 코로나 확진자를 돌봐야 하는 엄마가 멋지고 존경스러운 한편, 혹시 엄마도 감염이 되면 어쩌나 걱정이었다. 엄마는 집을 나서기 전에 우리 자매들을 한 명씩 꼭 안아주었다. 마지막으로 엄마 품에 안겼을 때, 나지막하게 목소리가 들렸다. "엄마, 잘 갔다 올 테니까. 할머니와 할아버지, 아빠와 언니들 말 잘 듣고 동생도 네가 돌봐줘야 한단다. 엄마는 우리 서현이 믿어."

엄마는 그 말을 끝으로 코로나19라는 선생터로 길을 나섰다.

며칠 뒤 적지 않은 양의 택배가 집에 도착했다. 상자 속에는 얼마간 먹을 수 있는 간식과 컵밥 등이 들어 있었다. 병원으로 가기 전 엄마가 주문해 놓은 택배를 보면서, 코로나 확진자들을 돌보고 있을 엄마가 떠올랐다. 여전히 엄마의 건강이 걱정이었지만, '괜찮아. 괜찮을 거야'라며 나 자신을 위로했다.

우리는 엄마가 없는 동안 할머니 댁에서 생활했다. 할아버지와 할머니 그렇게 두 분만 지내시다가, 우리까지 돌봐야 하니 힘들어 보였다. 할머니는 겉으로 말하지 않으셨지만, 밥을 차리거나 설거지를 하는 양이 너무 많아 보였다. 할아버지도 언니와 나는 물론 유치원생인 동생까지 돌보시느라 힘들어하셨다. 아빠는 항상 아침 일찍 직장으로 나가 밤 10시가 넘어 돌아왔다. 우리들은 할머니와 할아버지를 돕기 위해 집안을 서로 조금씩 나누었다.

설거지와 청소, 빨래와 동생 씻기기 등 언니와 나는 역할을 나누었다. 처음에는 별거 아니라고 생각했지만, 큰 착각이었다. 그동안 엄마가 집안일을 척척 해내는 모습을 보면서 '쉬울 거'라고 착각했던 모양이다. 우리 엄마는 어떻게 병원 일을 마치고 와서, 그 많은 일을 했을까?

날이 갈수록 엄마의 빈자리가 크게 느껴졌다. 엄마는 집안일을 마치고 나면 "서현아, 엄마 다리 좀 주물러 줄래?"라고 하셨는데. 나는 왜 그때마다 싫다고 짜증을 부렸을까. 고작 며칠

일 했을 뿐인데 지금 나는 다리와 팔, 목이나 허리까지 아프지 않은 곳이 없다.

설거지가 원래 힘든 건지, 동생 씻기고 난 뒤 머리카락을 말리고 옷을 입히는 건 또 왜 이리 힘든지, 그때는 정말 몰랐다. 언니도 집 안 청소와 빨래를 하고 나면, 학교 숙제를 하느라 정신이 없었다. 모두가 힘들어 보였다. 하지만 지금 우리보다 더 힘든 건, 어쩌면 엄마가 아닐까?

어떤 날은 동생과 크게 다투었다. 평소에도 좀 티격태격했지만, 말을 듣지 않는 동생이 그날처럼 미운 때가 없었다. 감정싸움이 서로 치고받고, 몸에 상처가 날 정도로 커졌다. 평상시 같으면 엄마가 혼을 내며 싸움을 말렸을 것이다. 하지만 엄마는 병원에 있고, 아빠는 직장에, 언니는 산더미처럼 쌓인 숙제를 하느라 방에 있었다. 동생과 나는 몸도 마음도 서로 다치고 말았다. 그날 저녁 엄마와 영상통화를 하면서, 정말 후회했다. 휴대전화 화면 속에서 엄마 얼굴이 너무 힘들어 보였기 때문이다.

영상 속에서 엄마가 말했다. 병원에 있는 코로나 환자들은 하나부터 열까지 다 도움이 필요한 사람들이라고 한다. 그 가운데 요양병원에서 온 환자분들은 대소변 기저귀를 갈고 위생까지 신경 써야 한다. 병원에는 일하는 사람이 적어서 화장실과 병실 청소는 기본이라고 한다. 많은 의사와 간호사는 감염의 위험을 무릅

쓰고 그들을 도울 수밖에 없다고 한다. 그러는 한편 개인 방역에도 철저해야 하는데, 마스크와 방역복을 종일 사용하면 온몸에 진물이 생길 정도로 힘들다고 한다. 그런데 그렇게 힘든 하루를 마치고 '우리와 나누는 영상통화가 엄마의 비타민'이라고 했다. 나는 그날 동생에게 미안했고, 엄마에게 더 미안한 마음이었다.

엄마가 병원에 있는 동안에도 코로나19는 더 심해졌다. 학교는 개학을 연기하고 또 연기했다. 그렇게 연기하다가 온라인 개학이란 걸 했지만, 복잡했고 생소했다. 학교 담임 선생님은 항상 공지 마지막에 '부모님의 도움을 받아서 하라'고 말을 남겼지만, 엄마는 병원에 있다. 늦은 밤까지 회사에 있는 아빠도, 중학교 3학년인 언니도 온라인 개학으로 바쁜 건 마찬가지였다. 누구에게도 도움을 받지 못한 상황이었지만, 나는 스스로 조금씩 방법을 알아가기 시작했다. 우리는 모두 각자의 몫을 조금씩 해나갔다. 그러는 사이에도 멀리 떨어진 곳에 있는 엄마가 늘 보고 싶었다.

그렇게 힘든 시간도 하루하루 지나갔고, 어느덧 엄마가 병원으로 간 지도 두 달이 지날 때였다. 엄마는 4월 15일부터 가족돌봄휴가를 신청했다고 말했다. 가족돌봄휴가는 말 그대로 '가족을 돌보기 위해서 받은 휴가'였다. 다행스럽게도 엄마가 일하는 병원에서 확진자가 조금씩 줄어들었다는 소식도 들었다. 일단 우리 가족 모두는 '엄마의 휴가'에 정말 기뻤다. 내 마음속에는 큰 축제가 열렸고, 엄마와 만날 날만 손꼽아 기다렸다. 엄마를 보고 싶은 마음이 컸기 때문인지 시간이 순식간에 흘러갔다.

엄마가 휴가를 받아 오던 날, 나는 오전까지 이불 속에서 잠자고 있었다. 방 밖에서 들리는 동생의 큰 소리에 놀라 잠을 깼지만, 여전히 비몽사몽이었다. 그런데 동생의 말 한 마디에 정신이 화들짝 깨고 말았다. "와, 엄마다! 우리 엄마다!"라는 소리에 집안이 들썩거렸다. 나는 서둘러 거실로 나갔고, 정말로 엄마가 그곳에 있었다. 엄마는 집에 들어오자마자 손을 깨끗이 씻고 난 뒤 동생을 꼭 안아주었다. 나도 엄마 품으로 달려가 안겼다. 꿈만 같았다. 아니 꿈이라면 깨어나고 싶지 않았다. 그렇게 우리는 떨어져 있는 동안 일어난 일들을 서로 나누며 행복해했다. 짧은 가족돌봄휴가가 끝나면 엄마는 병원으로 다시 돌아가야 한다. 우리는 처음보다 걱정이 많이 줄었지만, 그래도 엄마가 우리 곁에 있었으면 좋겠다고 생각했다. 엄마는 우리 머리를 쓰다듬으며, "그동안 잘 견뎌주어서 고마워 얘들아"라고 말했다. 나와 언니는 집안일도 동생돌봄도 잘하고 있다. 왜냐하면 우리에게도 짬밥이라는 것이 생겼기 때문이다.

엄마가 병원에서 환자를 돌보는 사이, 우리 가족에게는 어떤 단단함이 생긴 듯하다. 우리 가족뿐만 아니다. 많은 국민이 코로나19를 예방하기 위해 애쓰고 있고, 사회적 거리두기를 실천하면서 조금씩 코로나 사태를 극복하고 있다. 그러는 가운데 우리 국민은 모두 '이겨낼 수 있다. 해낼 수 있다'는 믿음이 생긴 것이다. 아마도 우리나라가 다른 나라보다 코로나19를 잘 대처하는 이유도 그런 믿음 때문이라고 생각한다. 나는 코로나에게 한마디 하고 싶어졌다.

"코로나19. 너 얼마 안 가서 너의 시대도 끝날 거야. 그러니 이제 더 이상 전 세계 사람을 힘들게 하지 마. 알았어?"

이강용 | 서울대학교병원

#흐드러지게핀벚꽃

#등에흐른땀자국

#우리의_봄은_아직입니다

힘내시고 감사합니다
의료진분들께,
작지만 도움이 되었으면 좋겠습니다. 모두 힘내세요
화이팅!!
화이팅 하세요!!
지켜주셔서 감사합니다
코로나19로 애쓰시는 모든 분들 응원합니다 힘내세요!!
"의료진 여러분, 힘내세요."
감사 합니다!!
고맙습니다!!
#힘내세요_대한민국
코로나19 최전선에 계신 분들께 감사의 마음을 담아 전합니다
고생하시는 많은분들께
작은 기쁨이되길 바래요!
너무 조금보내 죄송해요 ㅠ.ㅠ
힘내세요! 존경합니다!
코로나19
힘을내요
감사합니다
힘내세요!

#간호사선생님_힘내세요

대구!
대한민국!
극복을 위해
애쓰시는 의료진 여러분을
응원합니다!
계명대학교 총동창회
작지만 도움이 되었으면
좋겠습니다 모두 힘내세요
화이팅!!
작지만 도움이되길 바랍니다
든든히 챙겨드시고 힘내세요!
정말 감사합니다
#힘내라_대한민국
#힘내세요_대한민국
의료진 여러분!
힘내세요 :)
힘내라
대구경북
-후원업체-
더블유엠
하시는 의료진분들!!
으로 감사합니다
시고 응원합니다
힘내세요
온 국민이
응원하고 있습니다
그리고
의료진 여러분
감사합니다

대구동신병원

사명감 없이는 단 하루도, 견디기 힘든 시간

심소현 | 가톨릭대학교 서울성모병원

생각이 많은 날은, 쉽게 잠이 오지 않는다.

'양 한 마리, 양 두 마리, 양 세 마리…', '동해 물과 백두산이 마르고 닳도록 하느님이 보우하사…' 양들을 하나씩 불러 모으고, 애국가 가사를 입술이 마르도록 되뇌어보았다. '괜찮다'라고 타일러도 보았다. 편안한 음악도 들어보았지만, 끝내 잠을 이루지 못하고 밤을 새우고 말았다. 그렇게 토끼 눈을 한 채 첫 출근을 했다. 간호사 경력 12년 차, 그 정도면 병원 생활이 익숙해지고도 남을 세월이 아닌가. 그런데 파견 첫날이 생각보다 두렵고 낯설기만 했다.

첫날, 간단한 오리엔테이션 후 보호복 레벨C를 입고 전동식 호흡보호구(PAPR)까지 장착하고 병실에 들어갔다. '쿵쾅쿵쾅' 심장은 정신없이 뛰기 시작하고 '바르르' 손이 떨려왔다. 숨을 쉬지 말고 최대한 할 일을 마치고 뛰쳐나가고 싶었다. 옛말에 '피하려 하면 더 힘든 일이 찾아오는 법'이라 했던가. 코로나 감염자와 최대한 접촉하지 않고 혼자 살아보고 싶었던 내 생각과는 다르게, 환자 컨디션이 별로 좋지 않다.

환자의 산소포화도(SPO2)가 70~80%대를 보이고 산소(O_2) 요구량이 높아져 갔다. 하는 수 없이 가래를 제거하고 네뷸라이저(호흡기치료)를 했다. 여러 간호사의 손길이 오고 갔고, 환자는 컨디션의 호전과 악화를 반복하였다. 결국 "인튜베이션(기관내 삽관술) 준비해주세요"라며 의사의 오더가 내려졌다. 의료진들끼리 대화를 나누면, PAPR(전동식 호흡보호구) 필터의 '쇡쇡' 거리는 소리 때문에 사오정처럼 딴소리를 마구 해대기 일쑤였다. 어느새 온몸은 땀으로 뒤덮였으며 속옷까지 흥건히 젖었다.

다음날, 듀티 시작 첫 임무는 환자의 CT 검사 진행이다. '아이고'라는 탄식이 절로 나왔지만, 속으로 삼킨 채 환자를 음압텐트에 옮기고 환자전용 엘리베이터로 이동했다. 일상이라면 절차 없이 누구나 쉽게 이용하는 엘리베이터이지만, 코로나 환자의 경우는 안전상 몇 가지 규칙이 따른다. 코로나 환자 검사 이동 시 엘리베이터 앞에 대기하고 있는 의사에게 환자를 이송한 뒤, 엘리베이터를 타고 올라가서 대기하는 게 절차인데. 그만 실수로 전용 엘리베이터에서 빠져나왔고 문이 닫혀버렸다. 남겨진 의료진에게 핸드폰이나 연락할 수단도 없었다.

밤늦은 시간이라 내원객이나 직원이 없는 상황이라 다행이었지만, 만약에라도 노출자가 생기면 큰일이다. 비상! 비상사태다! 진땀이 났다. 환자가 검사를 받고 돌아올 때까지 단 한 명의 노출자도 생겨서는 안 된다. 또한 전용 엘리베이터는 곧바로 환자를 이동할 수 있게 준비되어 있어야 한다. 이리저리 머리를 굴리며 발을 동동거리다가, 10m 거리에 환자의 CT 촬영 시간 동안 동선을 제한하고 있는 안전요원의 움직임이 포착되었다. 우리는 소리치며 안전요원에게 도움을 청했다. 하늘이 도왔을까. 다행스럽게도 환자가 검사를 마치고 나왔을 때 모든 것이 준비된 상태로 바뀌었고, 무탈하게 병동으로 다시 돌아올 수 있었다. 얼마나 긴장을 하고 있었던지, 온몸에 힘이 다 빠지면서 그만 주저앉고 말았다. '아, 진짜 큰일 날 뻔했어. 어쩜 이러냐. 그냥 도망가버릴까? 이참에 병원도 그만두고 전업주부로 살아볼까?' 눈물이 핑 돌면서 오만가지 생각이 스쳐 지나갔다.

어떻게 잠들었는지도 모르게 다시 눈을 뜨면 또 출근이다. 옷이나 장갑, 신발까지 세 겹씩 착용하면 움직이기 쉽지 않다. 뒤뚱거리면서 병실에 들어선 순간, 환자가 머리끝에서 발끝까지 이불을 뒤집어쓰고 있는 게 아닌가. 덜컥 놀란 가슴을 다독이며 환자에게 물었다.

"환자분, 무슨 일 있으세요? 활력 징후 체크를 좀 해야 합니다. 그런데 왜 이렇게 이불을 뒤집어쓰고 계세요?"

환자의 심리상태를 살피면서 조심스럽게 물으며 다가섰다. 그제야 이불 밖으로 눈만 내민 채 말문을 열었다.

"선생님들에게 바이러스를 옮길까 봐서 그랬어요. 최대한 가리면 조금이라도 막을 수 있을까 봐서…."

그 말을 듣는 순간, 너무나도 고마운 마음이 옮겨왔다. 환자를 돌보는 가운데 소홀한 부분은 없었는지. 괜히 미안한 마음도 커졌다.

그렇게 코로나와 함께 맞서는 병원의 일상은 냉정과 열정 사이를 넘나들기도 하고, 슬픔과 기쁨이 뒤섞이기도 한다. 보이지 않는 코로나 바이러스와 맞선 하루를 끝내면 불편한 상황이 이어진다. 생필품을 살 수도 없고, 가족과 떨어져서 지내야 하니 그리움도 커진다. 자는 순간까지 KF94 마스크를 사용해야 하고, 가볍게 맥주 한 잔하고 싶은 마음도 있지만, 컨디션이 나빠지면 안 되니 최대한 건강관리를 하며 지냈다. 퇴근하고도 일이 연장선상에 놓여 있곤 했다.

어느 날이었다. 평상시와 다르게 목이 조금 따끔거렸다. 그 순간 머리는 '에이 설마, 아니겠지'라고 생각하면서도, 손은 벌써 코로나 증상 관련 검색을 하고 있다. 괜히 오한 증상도 있는 듯싶고, 컨디션도 좋은 편이 아니었다. 자꾸만 목에 신경을 쓰다 보니 어지럽고 속까지 불편해졌다. 그러다가 저녁을 먹고 난 뒤에는 설사까지 하고 말았다. 발열 증상만 없지, 코로나 초기 증상은 모두 갖춘 듯싶었다. 그 순간 빠르게 여러 사람의 얼굴이 스쳐 갔다. '만약 코로나에 감염되었으면 어떡하지? 우리 아이와 남편은 어쩌나. 무엇보다 우리 병동에서 나와 접촉한 사람들은 누가 대체할 수 있으며, 환자들은 누가 돌볼 수 있을까?' 수많은 생각이 스쳐가는 동안 머릿속은 하얗게 변하고, 온몸에 마비가 오는 듯했다. 그렇게 또다시 뜬눈으로 밤을 지새우고 출근했다.

다행히 별 이상은 없었고, 피로가 누적된 상태에 나타나는 증상일 뿐이었다. 하지만 나 역시 환자가 될 수도 있다는 생각에, 모든 상황이 달리 보였다. 매일 아침 새벽기도하는 환자가 보였고, 그들의 간절함이 전해져 왔다. 그분들도 평범한 누군가의 아버지와 어머니이고, 가족의 품이 간절하게 그리운 사람들이었다. 병실에 홀로 남겨진 사람들이 된다는 건 서러움 그 이상의 아픔이었다. 백신 치료제가 없는 질환에 대한 공포와 가족을 향한 그리움이 홀로 남겨진 병실에 가득했다. 이들은 우리가 경계하고 피할 사람들이 아니라, 병이 나을 수 있도록 보듬어야 할 대상이라는 생각이 들었다. 모든 순간이 어제와 달리 흐르는 듯했고, 내 말과 행동도 달라졌다. 내가 아무리 힘들다 해도, 코로나와 싸우고 있는 환자와는 비교할 수 없다고 생각했다. “어디 불편한 곳은 없으세요? 이곳이 참 답답하지요. 그래도 우리 조금만 힘을 내어요. 오늘 엑스레이 사진을 보니 조금 더 좋아지셨어요. 최선을 다할 테니 힘내세요!”라며 환자를 대하는 말과 행동의 결도 달라졌다. 내가 먼저 다가서고 변해가는 걸 환자도 느꼈을까. 처음에는 비협조적이던 환자도 조금씩 부드럽게 바뀌었다. 방역복을 입고, 힘든 상황 속에서 일하는 상황은 크게 달라지지 않았지만 마음이 상쾌하다. 샤워하고 퇴근을 하는 길도 그 이전과 달리 가볍고 상쾌하다. 여기저기 쑤시고 아픈 듯하던 몸도 어느새 나은 것 같았다.

오늘은 뜻밖의 전화를 받았다. 컨디션이 많이 나아져서 다른 병원으로 옮긴 환자분이었다.

“선생님, 저는 이곳에서 잘 지내고 있어요. 고맙다는 인사도 못 전해드리고, 다른 곳으로 왔어요. 고맙습니다. 다른 선생님들이나 교수님들, 모두에게 고맙다는 말씀 전해주세요.”

코로나 지정병원으로 파견 오던 날, 두려움과 불안 가득했던 시간이 조금씩 달라져 간다. 사람의 마음을 움직이게 하는 힘도, 역시 사람의 마음이지 않을까. 한 달간 코로나 병원 파견을 마치고 일상으로 복귀한 지 며칠이 지났다.

되돌아보면 두렵고 힘든 시간이었다. 하지만 이 경험을 통해 평범한 삶과 소소한 행복이 얼마나 감사한지 느낄 수 있었다. 코로나19로 우리나라뿐만 아니라 전 세계가 위기를 맞았다. K-방역의 중심에서 환자를 돌보며, 코로나와 맞섰다. 이것은 아무나 경험할 수 없는 일이며, 아무나 할 수도 없는 일이다. 이타적인 마음과 사명감 없이는 감당할 수 없는 일이다. 지금 이 순간도 누군가는 그 현장에서 생활하고 있다. 나는 언젠가 코로나가 그치리라 믿으며, 병실에서 함께한 의료진과 환자분들을 떠올려본다. 오늘이라는 평범한 일상을 되찾기 위해 오늘도 애쓰는, 아들과 딸, 아버지와 어머니 그 모두의 덕분입니다. 힘내세요 환자분, 고맙습니다. 의료진들!

최 진 | 서울아산병원

#한끼에_건강과회복

#염원을담아

사랑스러운 우리 며늘아기,
자랑스러운 대한민국 육군 대위 김혜주에게

박성완 | 국군 간호장교 김혜주 대위 가족

사랑하는 며늘아기 혜주 보아라.

일찍이 경험하지 못한 코로나19가 발병하였고, 온 나라가 재난의 위급함 속에 직면하였구나. 그저 국민의 일원으로서 뉴스로만 소식을 전해 들으며 염려하던 차, 코로나19 사태가 나아지지 않자 지난 2월 23일 국가는 국군의무사령부 소속 군 의료진 20여 명을 대구 동산병원에 긴급 투입하였다지. 네가 자원하여 임지로 간다며 전화로 소식을 알렸을 때, 네 어머니와 함께 밤잠을 설치며 "왜, 하필 너냐"라며 원망 어린 걱정을 하였단다. 사지가 아니라지만, 그것은 마치 전장으로 파견 가는 것과 다름없이 큰 충격이었구나.

더구나 네가 험지로 자원하여 가는 곳이 대구라니…. 그곳은 모든 국민이 경악하고 수많은 확진자로 나라를 떠들썩하게 했던 신천지 교인들이 집단 확진을 받은 지역이 아니더냐. 그것도 대구의 한복판인 동산병원으로 파견되어 간다는 소식은 가슴을 몇 번이나 쓸어내려야만 했구나.

나라를 지키는 군인을 직업으로 택한 아들과 인연을 맺고, 갓 시집온 지 1년 반밖에 지나지 않은 며늘아기가 위험천만한 그곳에 자원하여 간다고 하니, 이 세상 어느 부모가 놀라지 않을 수 있겠느냐. 당시 우리 심정은 걱정과 근심뿐이었다.

연일 뉴스로 전해지는 대구 상황은 좀처럼 나아질 기미도 보이지 않더구나. 코로나19 확진자가 갈수록 급증하고, 사망자까지 발생한다는 소식을 들을 때마다 가슴이 철렁했다. 의료진 부족뿐만 아니라 장비와 숙소 등이 턱없이 모자란다는 뉴스를 접하면서, 우리 가족은 물론 온 국민이 걱정하는 지경이었단다. 험지에서 고군분투하는 너를 도와줄 것이 없어서 얼마나 안타까웠는지 모른단다.

정신없이 바쁜 와중에도 너는 잠시 틈을 내어 안부를 전해왔지만. 수화기 너머에서 들리는 "걱정 마세요"라는 네 목소리를 들으면서 부모 심정이 어찌 평안할 수 있었겠느냐. 다만 네 목소리 듣고 나면 절로 긴 안도의 한숨만 쉴 뿐이었구나.

봄 벚꽃이 만발하였으나 경황없는 탓인지 벚꽃을 눈에 담지 못하다가, 바람에 흩날리며 지는 꽃잎들 가운데 이 봄날의 벚꽃을 잠시 보았단다. 코로나만 아니었다면, 며늘아기 너와 함께 우리 모두 이 봄 길을 거닐지 않았겠느냐. 대구 동산병원 자원근무 기간이 한 달인데, 그 시간이 어찌나 더디게 흘러가는지…. 내 평생을 이력하는 것 같아 편치 못한 마음으로 더없이 길게만 느껴졌단다.

우리나라뿐만 아니라 전 세계적인 재난 앞에 지구촌은 공포에 휩싸였고, 인간의 존재가 더없이 무력할 뿐이구나. 그 와중에 '밴드 투혼'이라는 제목 아래 험지에서 의료활동하는 네 모습을 뉴스로 접하였단다. 누적된 피로를 이겨내고, 부족한 환경에서도 땀 흘리는 네 모습 앞에서, 네 어머니는 가슴 아파하면서 눈물의 기도를 올렸단다.

당당한 네 모습에 모든 국민이 감동하고 위안을 받았을 것이다. 국민 또한 너와 의료진 모두에게 감사와 응원의 메시지를 보냈고, SNS 상에서 응원 메시지가 릴레이로 이어지는 걸 보면서 우리 가족 모두 뿌듯한 마음이었다.

너와 의료진들의 노력으로 코로나19 방역도 안정을 찾아가고, 이제 우리나라는 세계가 인정하는 방역 모범국으로서 그 위상과 저력을 만반에 보여주었단다. 이는 높은 시민의식을 지닌 우리 국민 모두가 만든 결과로 생각한다.

국가재난상황에서도 사력을 다해 애쓴 방역당국과 희생적인 봉사정신으로 방역활동에 임한 모든 의료진에게 고마운 마음이구나. 특히 투철한 애국·애민정신으로 무장한 국군의무사령부 소속 군 의료진과 국군간호장교 모두에게 감동하였고, 모두 대견하고 더없이 자랑스러울 뿐이다. 그곳에 우리 며늘아기가 있다는 게. 얼마나 고맙고 기특한지 모르겠구나.

평소 꾸밈없이 해맑고 정다운 너의 품성을 늘 감사한 마음으로 느끼고 있었지만, 너와 관련된 뉴스 댓글에 '김혜주 대위님은 인성 갑인 분으로 근무지에서도 위아래 분들의 신망과 환자돌봄 또한 천성적 간호장교로서 헌신적인 봉사정신으로 투철하게 임무수행을 잘하여 손아래 나이지만 존경한다'라는 칭찬 댓글을 읽었단다. 험지에서도 여전히 긍정적이고 겸손하게 맡은 바 임무를 잘 해내는 너의 뒷모습을 본듯하여, 참 좋았단다. 착하고 사랑스러운 너를 며느리로 맞이한 것은 우리 가족 모두의 큰 기쁨이고 자랑이라고 생각한다.

응급실 선임 간호장교의 책무가 그러하겠지만, 예고 없는 상황에 늦도록 근무하는 날이 하루 이틀이 아닌 줄 알고 있다. 밤늦게 퇴근하는 너의 고된 업무를 걱정하면, 너는 항상 "아버님, 걱정 마세용~ 나이팅게일 선서대로 기쁘게 잘하고 있습니당~"이라는 애교 섞인 밝은 대답이 늘 좋았단다.

이제 무탈하게 맡은 바 임무를 완수하고, 원대 복귀하여 건강하게 일상 업무에 임하고 있다니 감사한 마음이다. 코로나19가 소멸하지 않으면 우리 간호사님들께서 최일선에서 또 싸워야 하니, 하루라도 빨리 이 재앙이 지나가도록 기도하련다. 국군간호장교의 자긍심으로 매사 열심히 책무를 다하는 네가 자랑스럽구나.

항상 응원하고, 성원하마! 대한민국 육군 대위 김혜주! 복되고 사랑 위에 영원하라! 우리 예쁜 며늘아기를 시아버지가 늘 사랑한다.

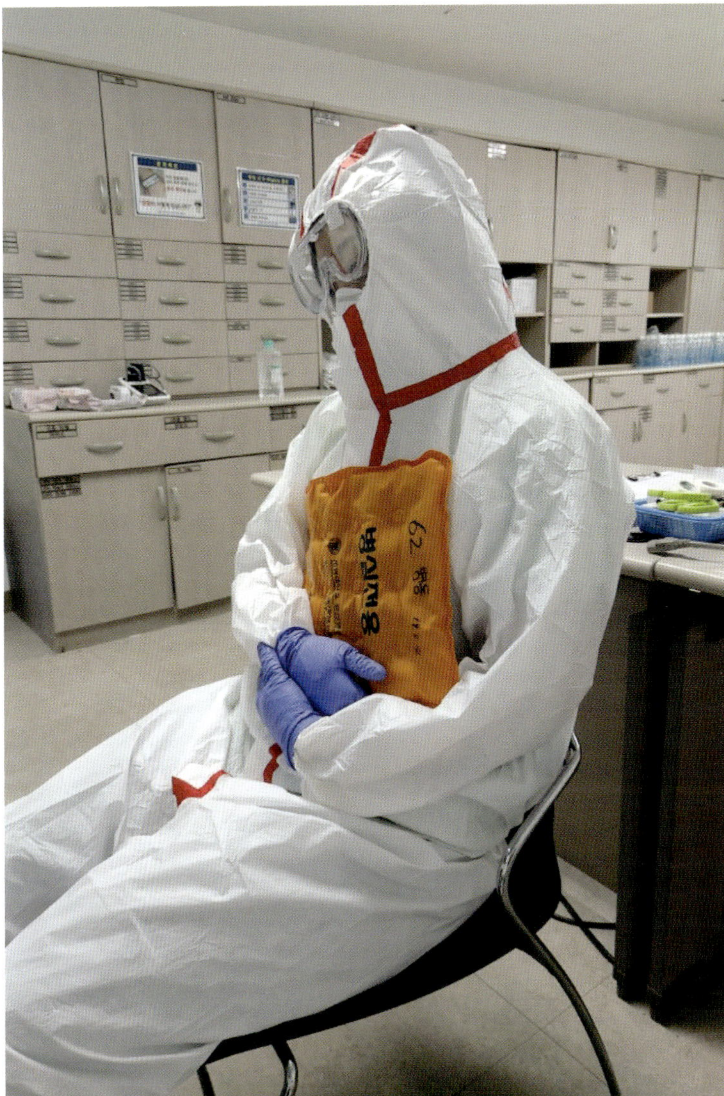

김혜주 | 국군춘천병원

#체감온도40도

#방호복과의전쟁

#아이스팩이_건네는_위로

#국군간호사관학교60기_신임간호장교
#대구의료지원투입되던_날

군진간호사회

누군가의 부름에,
한 치의 망설임도 없이!

여정현 | 대구라파엘병원

2020년 2월 26일, 대구광역시 간호사회로부터 문자 한 통을 받았다. 코로나19 확진자 급증으로 간호인력이 부족하고 대구가 어려움에 놓였으니, '간호사들의 적극 지원을 호소'하는 간곡한 내용이었다. 그 후 며칠 동안 머릿속이 어떤 생각으로 복잡했고, 뜨거워진 가슴은 쉽게 가라앉지 않았다.

그동안 직장 생활은 나와 가족의 이익이 우선이었다. 그렇게 25년을 병원 간호사로 근무했고, 앞으로 남은 시간 동안 '좋은 마무리'를 위해 고민하던 시기였다. 대구에 사는 간호사, 이제 아이들도 모두 커서 엄마의 손길 없어도 잘 지낼 수 있고, 병원에서 근무 경력도 신뢰를 쌓을 만큼 충분하다. '그렇다면 누가 해야 하는가?' 내 이웃과 국가가 도움이 필요한데 망설일 까닭이 없었다. 한시라도 지체할 시간이 없었다. '그래, 하자! 가자!'라고 결심했다.

가족 역시 든든한 지원군이었다. 아이는 "엄마가 정말 자랑스러워!"라며 말해주었고, 병원장님도 "좋은 일을 하는데 말릴 수 있겠느냐"라고 응원해 주었다. 병원 또한 어려운 상황임에도 불구하고 한 달이란 시간을 허락해 주었다.

곧바로 대한간호협회의 안내를 받아 신청서를 제출했다, 사흘이 지나 구미 LGD 생활치료센터로 지정받고, 의료지원간호사 업무를 시작하였다. 30여 명의 동료 간호사들이 함께했는데. 전국 각지에서 자원했고, 성별이나 연령, 경력 등이 모두 다양했다. 하지만 공통점이 하나 있었는데. 그건 바로 '간호가 필요한 곳에 우리가 있어야 한다'는 생각이었다. 우리는 모두 간호사로서 사회와 시민이 필요로 하는 곳에서 도움을 주고 싶었다. '가슴이 시켜서 이곳으로 왔다'라며 뜨겁게 악수하고, 서로를 응원했다. 우리는 모두 그렇게 하나로 뭉쳐서 우리가 돌본 환자들이 건강하게 퇴소하는 것을 목표로 열심히 일했다.

구미 LGD 생활치료센터는 코로나19 확진자 가운데 321명의 경증 환자들이 있었다. 아홉 살 아이부터 외국인과 가족 단위 입소자도 있었으며, 대부분 나처럼 대구와 경북에서 온 사람들이었다.

처음 나는 동료 간호사와는 말투가 달라서 어색했지만, 입소자들과는 말이 잘 통했다. 그들의 감정을 말 한마디로도 읽을 수 있었다. 입소자들은 증상이 경미하지만, 몇 주간 격리생활로 심신이 지친 상태였다. 더욱이 코로나 확진자라는 시선 때문에 몸도 마음도 힘들고 불안해 보였다.

생활치료센터의 주 업무는 병원과 조금 달랐다. 입소자가 하루 두 번 자가체크한 기록을 확인하고 전화로 상담했다. 입소자가 체크한 바이탈 사인이나 임상증상 등은 상담 시 기초자료가 되었다. 만약 유증상자가 발생하면 2인 1조로 레벨D 방호복을 입고 생활관으로 들어가서 대상 환자를 검사하고 투약 업무를 했다. 중증환자가 발생하면 신속하게 병원으로 후송하는 일도 맡았다. 누구나 '빨리 나아서 집으로 돌아가고 싶은 마음'은 마찬가지였다. 우리는 환자들의 심리 상태를 듣고 이야기를 나누기도 했으며, PCR 검사를 정확하고 신속하게 진행하는 한편 환자들끼리 동선이 겹치지 않도록 철저하게 통제하였다.

321명은 상당히 많은 수였고, 일반 병원이라면 감당하기 쉽지 않은 상태였다. 생활치료센터라는 시스템이 있었기 때문에 많은 환자를 능동적으로 관찰하고 관리할 수 있었다. 엄격한 통제와 활동으로 교차감염 가능성을 줄이는 한편, 동시에 의료자원을 효율적으로 배분하였다. 나는 많은 업무 가운데 감염관리 역할을 맡았다. 주로 방호복 착·탈의 교육과 실제 활용을 도왔으며, 직원들의 감염을 파악하기 위한 발열체크도 병행했다. 그뿐만 아니라 생활관 내 감염위험요소가 없는지 살피고 소독과 적출물 등을 관리했다.

방호복을 입고 오염지역으로 들어갈 때는 평상시보다 더 긴장했다. 안전이 최우선이기 때문이지만, 여러 가지 장비착용으로 인한 두통과 쏟아지듯 흐르는 땀은 앞이 보이지 않을 정도였다. 간혹 '내가 혹시 감염되면 어떻게 하지?'라는 생각이 들면 두려웠다. 아픈 것 때문이 아니라 감염으로 인해 함께 고생한 의료진과 대구시와 보건복지부 관계자들, 지역 주민과 군인들의 노력을 헛되게 할 수 있었기 때문이다.

질병 그 자체에 대한 두려움도 있었지만, 함께하는 사람들에게 피해를 준다고 생각하면 견디기 힘들었다. 아마도 나뿐만 아니라 현장에 있던 모든 간호사가 그런 마음이지 않았을까. 그래서 개인 방역도 철저하게 임했다. 하루 두 번씩 발열체크를 하고 쉬는 날은 숙소에서 휴식을 취했다. 각지에서 보내온 영양제와 건강식품을 평소보다 더 챙겨 먹었다.

고된 시간 속에도 기쁨의 순간은 있었다. 그건 바로 환자분들이 퇴소하는 날이다. 몇 주 동안 힘든 시간과 맞서 잘 견뎌준 분들이 떠나는 날이면 배웅하다가 울컥 눈물이 고이기도 했다. 그렇게

4주가 흘렀고, 입소자가 1백 명 대로 감소할 즈음 내 업무도 끝났다. 4주 동안 생활치료센터 바깥 풍경이 달라졌다.

어느새 벚꽃은 지고, 입소할 때 입은 겨울옷이 무색하게 따뜻한 날씨였다. 가장 큰 변화는 '내 마음'이다. 힘들고 어려운 순간을 견뎌냈다는 사실과 누군가를 위해 혼신의 힘을 다했다는 생각에 가슴이 벅찼다. 사는 동안 '누군가를 위해 봉사한 시간'이 있었을까? 그런 생각을 지금 여기서 멈추고 싶지 않았다. 우리 사회가 필요로 할 때, 내 이웃이 도움을 청할 때, 나는 그들 곁에 있으리라고 다짐했다. 코로나는 우리 생활 대부분을 바꾸어 놓았다. 소소한 행복의 가치를 알게 해 주었고, 지구와 환경의 중요성도 일깨웠다. 무엇보다 힘든 상황에서도 항상 서로를 응원하며, 같은 공간에서 최선을 다한 대구 간호사들과 의료진들이 자랑스럽다.

주은향 | 순천향대학교 서울병원

#우리모두_코로나가처음이지만
#우리의손길로_나아질수있기를

청도 대남병원 파견기

우리는 끝까지 멈추지 않을 것이다

이재운 | 국립부곡병원

2월 25일 주말 늦은 저녁 긴급 문자가 왔다. 병원 비상연락망을 통해 온 내용은 '청도 대남병원 내 정신과 병동으로 의료지원 및 파견근무'라는 긴급 통보였다. 망설일 시간도 없고, 짐 꾸릴 시간도 없었다. 나와 같은 병원에서 근무하는 20명의 치료진은 서둘러 청도로 향했다.

그날 밤 우리는 레벨D 방호복 착용 교육을 받은 뒤 바로 5층 정신과 병동으로 투입되었다. 이곳 정신과 병동의 환경은 너무나도 열악하여 90명이 넘는 환자들이 바닥에 메트리스만 깔고 생활하였다. 바닥에는 피와 토사물, 먼지와 쓰레기들이 나뒹굴고 있었고 환자복은 언제 갈아입었는지 모를 정도로 더러웠다.

환자를 돌보던 의료진의 부재가 생각보다 심각한 상황을 만들어놓았다. 불과 며칠 전까지 이곳에서 근무하던 간호사들이 코로나19 바이러스 양성 판정을 받아 급히 떠나야 했기에 환자의 이름도 병원 내 시스템이나 물품의 위치에 대한 정보도 전혀 알 수 없었다. 우리는 오로지 간호사 본능에 의존한 채 각자의 업무를 신속하게 수행하였다. 우선 시급하게 환자들의 투약을 위해 각 호실별로 정신과 약과 항바이러스제를 정리하고 분류했다. 그런 다음 곧이어 환자를 한 명씩 자세히 살펴보았다. 코로나19 바이러스에 감염된 환자들 대부분은 기침과 고열로 힘들어했고, 병실 바닥에 힘없이 널브러져 있기도 했다. 우리는 환자들의 산소포화도를 포함한 활력징후를 측정하면서, 동시에 이상징후를 보이는 환자는 즉시 의사에게 보고한 후 약물을 투여하면서 면밀하게 경과를 살폈다. 발열이 심하거나 호흡곤란을 겪는 환자는 20~30분 단위로 활력징후를 측정하였다. 그 결과가 정상 범위에 들어오면 나도 모르게 안도의 한숨과 함께 환자에게 힘내라는 말을 건넸다. 레벨D 방호복을 입은 지 10분도 되지 않아 온 몸에서는 땀이 비오듯 쏟아졌지만 병동에 들어서는 순간부터 내 몸의 상태를 느낄 겨를조차 없었다.

환자들에게 제공되는 하루 세 끼는 도시락이었지만, 그마저 수급 시간이 불규칙했다. 그들은 코로나19 증상과 치료제의 부작용으로 식사를 거의 하지 못하는 상태였다. 간호사가 직접 환자를 설득하고 지지했지만 숟가락을 들 의지를 보이지 않아서, 식사 보조하는 시간이 갈수록 늘어났다. 환자들이 먹은 도시락은 철저히 분리하고 폐기하기 때문에 90여 명이 먹고 남은 도시락을 모으기가 쉽지 않았다. 매번 한 끼 식사가 끝날 때마다 의료폐기물통에 들어가는 도시락이 내 키보다 높게 쌓였다.

시간이 갈수록 코로나19 증상이 심각한 환자가 늘어갔고, 상급 병원으로 전원도 그만큼 많아졌다. 정신과 환자 대부분은 일반 환자에 비해 치료 환경이 바뀌는 것에 대해 많은 스트레스와 불안감을 지닌다. 이는 자칫 공격적인 모습이나 예측할 수 없는 행동으로 이어지기 때문에 이들을 전원 보내는 것은 위험을 각오해야 하는 일이다. 환자에게 전원의 필요성을 수차례 설명하고 때로는 한 시간 가량 정서적 지지를 해서 환자를 안심시켜야만 했다. 그렇게 며칠 동안 열 명 정도의 환자를 다른 병원으로 옮겼으나, 여전히 우리의 손길이 필요한 환자가 80여 명 남아 있었다. 남은 환자들 역시 언제 어떻게 상황이 악화될지 모르는 상태라서 긴장의 끈을 놓을 수 없었다.

방호복을 착용하면 금새 호흡이 가빠오면서 땀에 젖은 마스크는 탄력을 잃어가고 고글에 가득 찬 습기로 인해 시야를 확보하기가 힘들었다. 한 번 착용한 방호복은 최대 2시간 간격으로 갈아

입어줘야 하는데 환자한테 신경을 쓰다 보니 서너 시간이 훌쩍 지나가 있었다.

동료와 교대로 쉬는 시간이 정해져 있었지만, 쏟아지는 업무 속에서 그 규칙이 제대로 지켜지기란 쉽지 않았다. 우리는 방호복을 입은 사실조차 잊고 병동을 뛰어다니며 환자를 돌보고자 노력했다. 하지만 환자들의 상태는 날이 갈수록 악화되어 전원을 보내야 하는 숫자도 점점 늘었다. 다른 병원으로 이송하는 환자를 향해 손 흔들던 남은 환자들도 점점 의지를 잃었는지, 기운이 없어 보였다. 무엇보다 정신과 약을 제대로 먹지 않은 일부 환자들에게서 억눌려 있던 증상들이 나타나기 시작했다. 투약하는 간호사의 얼굴에 약과 함께 침을 뱉거나, 입고 있던 방호복이 환자의 공격에 의해 찢어지기도 했다. 진정제를 투여하다가 환자의 강한 발길질에 배를 걷어차이기도 했다. 정신간호사로서 정신과에서 흔히 일어나는 응급상황 중의 하나로 생각하고 환자 앞에서는 태연하게 주사처치를 했지만 걷어차인 복부통증으로 병실에서 나온 순간 그대로 주저앉기도 했다. 그렇게 나와 동료는 4일 동안 밤낮없이 교대로 계속 임무를 수행했다.

청도 대남병원으로 투입된 지 닷새째 되는 날. 정신과 폐쇄병동의 환경이 너무나 비치료적이고 열악하다는 사실을 두고 긴급 논의가 있었다. 5층 정신과 병동에 비하면 2층 일반병동은 모든 병실에 침대가 있고 환경도 쾌적한 편이어서 우리는 정신과 환자들을 그곳으로 옮겼다. 그러나 2층 병동으로 옮긴 뒤에도 코로나19 증상이 악화되는 환자들이 속출하여 처방받은 약을 투약하고 처치를 해도 나아지지 않으면 다른 상급병원으로 전원 보내기를 반복했다. 밤과 새벽의 구분 없는 어둠 속에서 구급차 사이렌 소리와 불빛이 끊이지 않았다. '전쟁터가 이런 모습일까'라고 생각할 틈도 없었다. 우리는 아비규환 속에서도 각자 해야 할 몫에 최선을 다해야 했다.

그러던 어느 날 질병관리본부는 코로나19 양성 환자들을 국립정신건강센터로 이송하여 치료하기로 결정했고, 나는 청도에서 서울까지 환자이송에 참여하였다. 서울로 가는 6시간 동안 방호복을 입은 채 환자 상태를 살피면서 이송하였고, 곧바로 다시 청도 대남병원으로 복귀했다. 이렇게 꼬박 이틀간 이송업무에 참여했고, 12시간 이상 방호복을 입은 채 청도에서 서울에 있는 국립정신건강센터로 환자들을 이송했다.

이제 병동에는 34명의 환자만 남았다. 코로나19와의 전쟁 속에서도 완치 환자가 나오기 시작했다. 코로나19로 모든 국민이 불안감과 혼란에 휩싸여 있지만, 나는 결코 절망하지 않는다. 지금 이곳에서 환자들을 치료하는 것에 더하여 마음을 감싸주고 돌봐주는 것이 바로 우리 간호사들의 사명이기 때문이다. 어느 날 갑자기 코로나가 발생했듯이 언젠가 갑자기 코로나가 사라진 날이 올 것이다. 그때까지 우리는 멈추지 않고, 모든 힘을 다해 맞설 것이다.

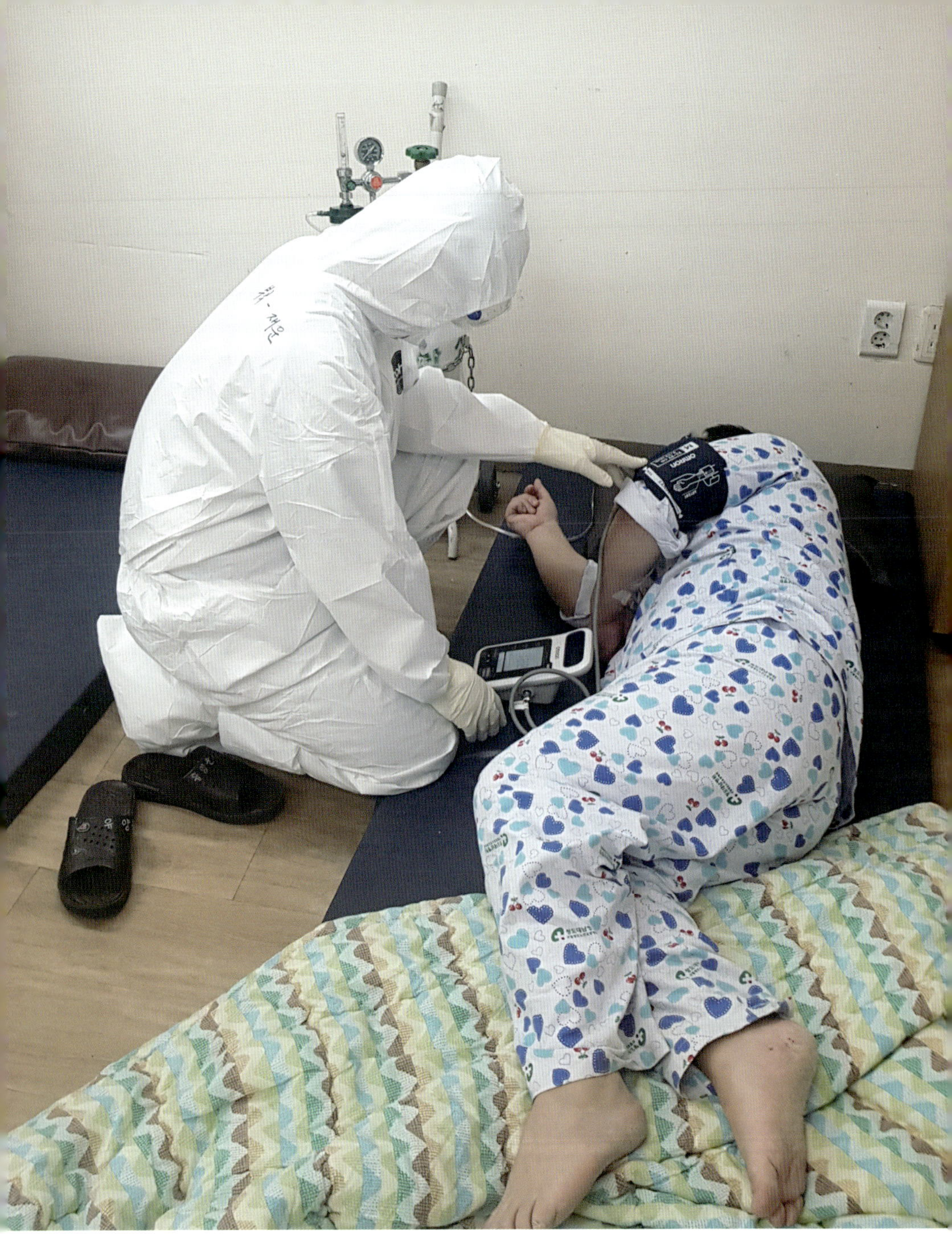

이재운 | 국립부곡병원

#정신과폐쇄병동 #힘내세요 #나는_결코_절망하지않는다

우리 엄마는 약하다
하지만 간호사로서 우리 엄마는 강하다

김지민 | 가족

……나는 늘 걱정이 앞섰다. 하지만 우리 엄마는, 아니 간호사로서 우리 엄마는 세상에서 제일 강했다. 엄마는 코로나와 같은 일이 또 발생하면 주저하지 않고 병원으로 향할 것이라고 말한다. 나는 그때도 그녀의 사명감과 열정을 응원하며, 그녀를 걱정하는 만큼 지지할 것이다. 날짜별로 정리한 수기는 걱정과 응원이 담긴 '우리의 기록'이다.

2020년 2월 18일(화)

대구에도 코로나 확진자가 나왔다. 그동안 새로운 감염 소식이 없어서 '잡힌 줄' 알았다. 그런데 심지어 대구 확진자는 신천지와 관련 있어 보인다고 했다. 더 빠르게 확산되면 '어떡하나' 걱정이 앞선다. 솔직하게 크게 심각성을 느끼지 못했는데, 이제는 뉴스만 틀면 코로나 관련 보도가 쏟아진다. 제발 다시 괜찮아지기를 소망한다.

2020년 2월 20일(목)

이틀 만에 코로나 확진자가 백 명을 훨씬 넘어섰다. 그중 절반 이상이 대구 사람이라는 사실이 믿어지지 않는다. 친구와 함께 도서관에서 공부하다가 저녁 무렵 전화를 받았다. 엄마는 "옆 병동 간호사분이 양성 판정을 받았다는구나. 내가 일하는 병동 환자도 고열 증상을 보이는데, 신천지 교인이라고 한다"라면서, "엄마도 혹시 모르니, 동생과 함께 당분간 이모 집에 가 있어"라고 말했다. 너무 경황이 없어서 전화를 끊자마자 집으로 달려갔다. 짐가방을 챙기는데, 갑자기 눈물이 쏟아졌다. '엄마가, 우리 엄마가 코로나에 걸렸으면 어떡하지'라는 생각이 떠나지 않았다. 동생과 함께 이모 집으로 가는 동안에도 엄마 걱정이 앞섰다. 엄마는 체력도 약하고, 고혈압도 있어서 코로나에 걸리면 너무 위험할 것 같았다. 어둡고 텅 빈 집만이 퇴근한 엄마를 기다린다고 생각하니, 눈물이 멈추지 않았다. 어쩔 수 없다는 걸 알지만, 전쟁터에 엄마 혼자 놓아두고 살겠다고 피난 가는 기분이었다. 하루아침에 모든 일상이 무너져 버린 듯했다.

2020년 2월 21일(금)

동생과 함께 집으로 돌아왔다. 엄마 혼자 집에 있을 거란 생각 때문에 '엄마와 같이 있겠다'라고 우겼지만 소용이 없었다. 엄마는 다른 동료와 함께 병원이 제공한 숙소에서 지내기로 했다고 소식을 전했다. 아마도 우리 때문에 숙소로 들어간 듯해서 마음이 불편하고 아팠다. 엄마 없는 집에는 먹을 것도 없었다. 아빠와 함께 마스크를 착용하고 생필품을 사러 마트에 갔다. 우유와 식빵 등 생필품이 거의 바닥이 나 있었다. 처음 본 광경이라 너무 당황스러웠다. 뉴스에서 보던 우한과 다를 게 없었다.

2020년 2월 22일(토)

엄마가 너무 보고 싶다. 괜찮으신지 정말 걱정이다. 어제는 대구대 병원 응급실까지 아빠와 함께 다녀왔다. 엄마는 너무 바빠서, 스치듯 얼굴만 잠시 보고 헤어져야만 했다. 엄마 얼굴이 반쪽이다.

2020년 2월 23일(일)

밤마다 엄마와 영상통화를 한다. 점점 엄마 얼굴이 수척해지는 게,

화면으로도 선명하다. 매일 밤 12시가 되어야 퇴근하는 엄마가 쓰러질까 봐 걱정이다. 오늘은 뉴스에서 코로나 확진자가 60명으로 늘었다고 한다. 안타깝게도 사망자도 다섯 분이라고 한다. 심지어 대구 시민은 이동 제한이라는 극단의 조치에 처했다. 차라리 이 모든 게 꿈이었으면 좋겠다. 몸도 약한 엄마가 걱정돼서 뜬눈으로 밤을 새웠다.

2020년 2월 24일(월)

오늘 자정뉴스에 코로나 총 확진자 803명, 사망자 7명이라고 보도되었다. 청도 대남병원 정신병동 환자들이 한꺼번에 감염되어 사망자까지 발생했다. 심지어 코로나 때문에 헌정사상 처음으로 국회가 폐쇄되었다고 속보가 떴다. 도대체 이게 무슨 일인가. 재난 영화보다 더 심각한 상황이 속보로 쏟아진다. 다시 일상으로 되돌아갈 수 있을까? 눈에 보이지 않는 바이러스, 코로나19는 생각보다 많은 것을 느끼게 한다. 엄마는 평상시보다 더 일찍 출근해서 새벽 1시 넘어서 퇴근한다고 했다. 방호복을 입고 활동하기가 무척 힘들고, 시간도 없어서 밥도 자주 거른다고 했다. '저러시다가 정말, 우리 엄마가 쓰러지는 건 아닐까?' 걱정이 머릿속에서 떠나지 않는다.

2020년 3월 3일(화)

엄마는 평소보다 일찍 퇴근했지만, 몸도 안 좋고 기침까지 한다. 얼마 전에 엄마는 코로나 검사 결과 음성 판정을 받았다. 하지만 너무 걱정된다. 생각해보면 밥도 자주 거르고, 잠도 거의 못 자면서 종일 일한다. 불편하고 무거운 장비를 매달고 일하니 몸살이 나지 않는 게 이상할 정도다. 엄마 걱정이 하루하루 늘어만 간다. 엄마는 영상통화를 할 때마다 우리가 걱정이라며 자꾸 미안하다고 말한다. 엄마가 미안할 게 뭐가 있다고….

조금 전 뉴스에서 엄마를 보았다. 코로나19와 맞서 험지에서 고생하는 의료진 인터뷰에 엄마가 나온 것이다. 가슴이 뭉클해지면서 눈물이 났다. 누구도 할 수 없는 일을 하는 엄마가 자랑스러웠다. 그만큼 걱정이 앞서는 걸 엄마는 알까? 나는 아픈 사람을 돌보는 간호사로서 엄마보다, 하나뿐인 우리 엄마가 더 소중하고 중요하다. 하루라도 빨리 이 모든 게 무사히 지나갔으면 좋겠다. 제발 코로나 환자가 더 이상 발생하지 않기를…. 우리 엄마가 건강을 잃지 않기를….

2020년 3월 5일(목)

새벽 5시 40분에 엄마를 깨웠다. 엄마는 "5분만 더, 5분만…" 이라며 잘 일어나지 못했다. 엄마가 자는 모습에서 엄청난 피로가 느껴진다. 이렇게까지 일어나지 못하는 엄마를 본 적이 없다. 그래서인지 더 마음이 아프다. 온종일 방호복을 입고 있으면 전화받기가 불편할 것이다. 엄마 몰래 핸즈프리 버즈를 선물했다.

2020년 3월 10일(화)

엄마가 자꾸 심하게 기침해서 큰일이다. 요즘 엄마 걱정을 하는 게, 내 일과 중 하나가 되었다. 저렇게 몸도, 체력도 약한 사람이 어떻게 버티고 있는지. 엄마를 보면 그저 신기할 따름이다. 자꾸 심해지는 기침이 과로 때문이기를 바라는 마음이다. 고작 그런 정도밖에 엄마를 도울 수 없어서 속상하다.

2020년 3월 14일(토)

정말 오랜만에 엄마와 저녁을 먹었다. 늘 새벽이 되어서야 돌아오는 엄마가 오늘은 저녁 무렵 퇴근해서 함께 밥을 먹을 수 있었다. 평범한 일상이 이렇게 감사하다니, 또 눈물이 났다. 엄마 눈을 보면서 밥을 먹고 이야기를 나누면서 웃고 떠드는 게 정말 오랜만이라서 너무 행복했다.

엄마는 병원 이야기를 자세히 말하지 않는다. 우리가 걱정하기 때문이라는 걸, 우리도 잘 안다. 그런데 저녁을 먹으면서 엄마가 이야기를 꺼냈다.

"며칠 전까지만 해도 일반 병실에 있던 환자가 갑자기 중환자실로 가는 경우도 많아. 그러다가 갑자기 의식을 잃는 환자도 많아. 어느 날은 환자분에게 꼭 회복하실 수 있어요. 환자분이 나빠지면 의료진이 존재하는 이유가 없어요. 그러니 꼭 이겨내셔야 합니다"라고 말했더니, 환자분이 "의료진 선생님들 고마워요. 저는 강하니까 꼭 이겨낼게요"라고 답해서 병실 사람 모두 함께 울었다고 했다. 엄마 이야기를 들으면서 나도 동생도 함께 울고 말았다.

엄마는 피곤해도 병원에서만큼은 환자밖에 안 보인다고 했다. 코로나에 감염될 수 있는 상황인데도. 엄마는 간호사라는 게 좋다고 말한다. 나는 그런 엄마가 정말 자랑스럽기도 하다가, 걱정이기도 하다가, 안쓰럽기도 하다. 엄마를 보면 여러 가지 감정이 뒤섞인다. 지금까지는 엄마 걱정이 늘 앞섰는데, 이제는 엄마를 믿고 응원할 수 있겠다고 생각했다.

2020년 3월 22일(일)

정말 간만에 엄마가 출근하지 않고 쉬는 일요일이다. 엄마는 누워 쉬면서도 계속 코로나 속보가 나오는 뉴스에서 시선을 놓지 않는다. 정말 내가 엄마라면, 진절머리가 나서 쳐다보지도 않을 텐데…. 우리 엄마는 정말 간호사가 천직인 것인가. 그러다 갑자기 엄마는 이탈리아 속보를 보면서, "할 수 있다면 저 곳에 가서 사람을 돕고 싶다”라고 말했다. 나는 죽어도 그것까지는 안 된다고, 엄마를 말렸다. 그런 나를 보고 엄마가 웃는다.

2020년 4월 19일(일)

엄마가 차려준 밥을 먹었다. 얼마만에 집밥인가. 엄마 밥이 정말 최고다. 아직 안심할 단계는 아니지만, 조금씩 코로나가 잡히고 있다는 뉴스를 들었다. 여전히 일상으로 돌아갈 정도는 아니지만, 엄마와 함께하는 시간이 조금씩 늘어간다는 것만으로도 고맙고 행복하다.

어느덧 벚꽃이 다 떨어졌지만, 유채꽃과 푸른 새싹들은 여전히 흐드러지게 피어 있다. 지난 폭풍에 대한 보상이라는 듯이 곱고 예쁘다. 정말 일상은 소중하고 감사한 것이다. 그런 소소한 일상을 지킬 수 있도록 도와주는 사람들이 있다. 우리나라 의료진과 시스템은 세계 어느 나라보다 훌륭하다. 그래도 나는 늘 걱정이 앞선다. 하지만 우리 엄마는, 아니 간호사로서 우리 엄마는 세상에서 제일 강했다. 엄마는 코로나와 같은 일이 또 발생하면 주저하지 않고 병원으로 향할 것이라고 말한다. 나는 그때도 그녀의 사명감과 열정을 응원하며, 그녀를 걱정하는 만큼 지지할 것이다.

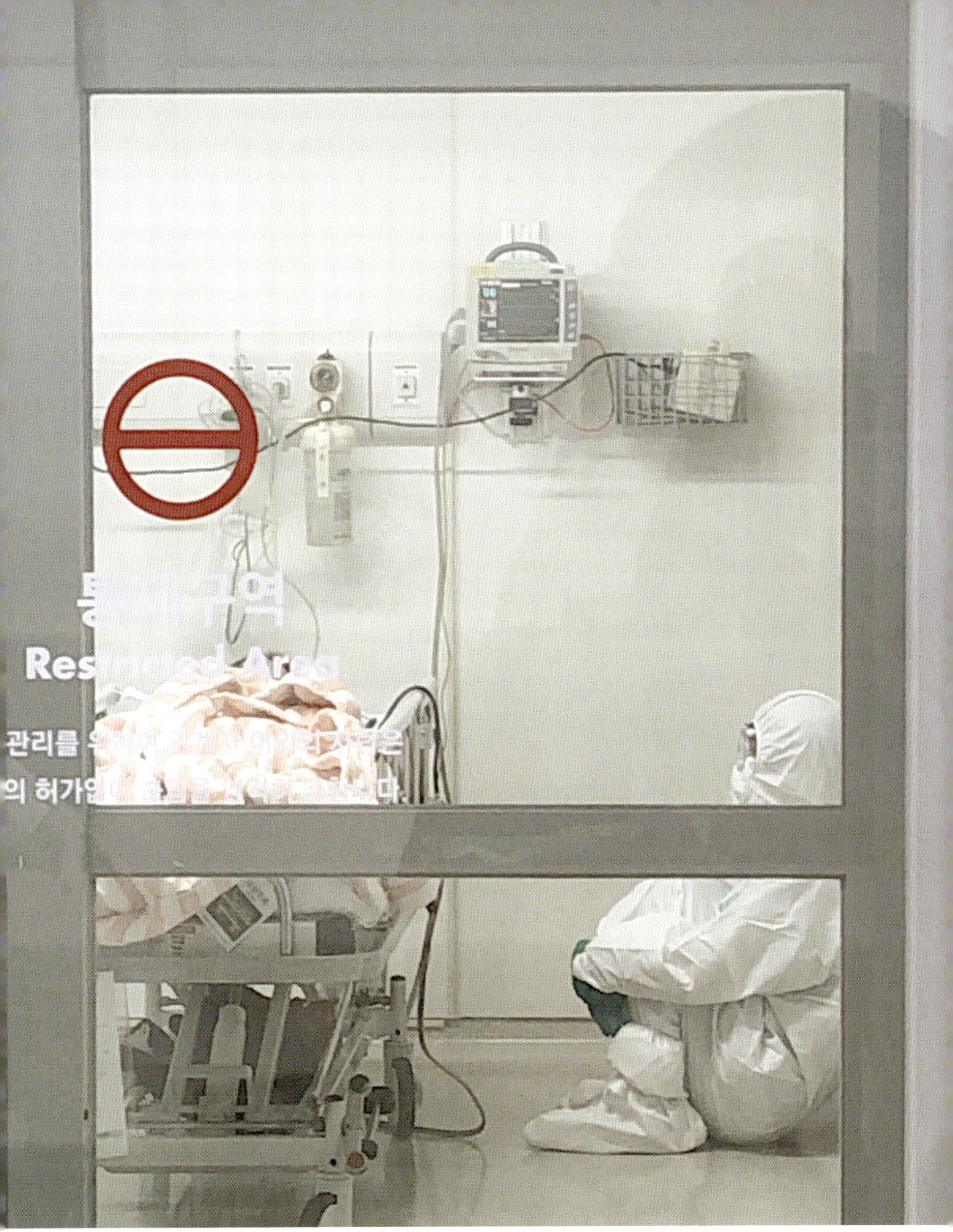

우형원 | 안동병원

#방호복입은채_쪽잠 #체력바닥 #환자도_나도_힘겨운싸움

이강용 | 서울대학교병원

#근무중이상무!

나는 대한민국의 간호사다

한순욱 | 퇴직

꿈과 현실을 동시에 이루어가기란 쉽지 않다. 2009년 나는 결혼과 양육, 살림과 공부라는 많은 짐을 어깨에 지고 있었다. 욕심이 아닌 꿈이라고 생각하며 열심히 살았지만, 결국 번아웃되었다. 그래서 남편이 지방 발령을 받자, 13년 차 대학병원 간호사 생활에 마침표를 찍고 퇴직했다.

하지만 '간호사'라는 업에 미련이 남았는지, 2~3달에 한 번씩 병원에서 정신없이 일하는 꿈을 꾸었다. 잠에서 깨면 '아, 꿈이구나' 싶어서 아쉬움과 미련, 안도의 한숨이 뒤섞이곤 했다. 나는 그렇게 조금씩 일상에 몰입하면서도 동시에 임상에 대한 그리움과 동경, 안도와 갈등의 감정을 경험했다. 아이들을 키우고 남편을 내조하는 동안에도 몸이 불편하신 시부모님을 가까이에서 돌보았다. 의료현장에서는 몸이 떠났지만, 마음은 항상 '간호사'로서 산 듯하다.

그러던 중 2015년 대한민국이 중동호흡기증후군(MERS)이라는 바이러스에 휩싸였다. 그 당시 나는 주민센터에서 제과제빵을 배웠는데, 메르스로 인해 모든 수업이 중단되었다. 사태가 심각한 모양이라고 생각했지만, 마음속으로는 '제빵 수업을 받지 못하는 금요일은 어떻게 하나?'라는 일상의 작은 걱정뿐이었다. 그 순간 '다시 누군가에게 도움이 되는 삶'을 살고 싶다고 생각했고, 보건소에서 보름 동안 자원봉사 활동을 했다.

주변 사람들이 "어떻게 이런 시국에 여기서 자원봉사를 할 수 있느냐?"라고 물었다. 나는 "대부분 간호사들이 나처럼 행동했을 것"이라고 답했다. 지금도 '간호사로서 해야 할 일을 했을 뿐'이라고 생각한다. 어려운 시기에 자원봉사를 할 수 있는 원동력은 '마중물처럼 늘 마음속에 자리한 간호사로서 활동'이었다고 여긴다. 보건소에서 메르스 상담과 문진 자원봉사를 하는 동안 메르스 사태도 조금씩 가라앉았다. 그리 큰일을 한 것도 아닌데, 그 이후 공로를 인정받아 서울시장상을 받기도 하였다.

그렇게 시간은 흘렀고 어느새 5년이 흘렀다. 2020년 새해가 왔고 설을 가족과 함께 보낼 때였다. 중국에서 발병한 코로나19로 많은 사람이 죽거나 감염되었다. 연일 뉴스에서 코로나 사태를 속보로 다루었고, 우리나라도 코로나19로 비상이 걸렸다. 너무도 빠른 시간에 전국이 전염병 공포와 불안에 휩싸였다. 나는 "이건 또 무슨 일이지? 5년 전 메르스 악몽을 다시 경험하는 것인가?"라는 생각이 들었다. 고민할 틈도 없이 자원봉사 관련 홈페이지를 찾아봤다. 때마침 선별진료소에서 근무할 간호사를 모집하는 공고가 떴다. 나는 주저하지 않고 지원했고, 2달 반 동안 근무했다.

코로나19 확산은 31번 확진자를 기점으로 무섭게 퍼져갔다. 대구뿐만 아니라 대한민국 전체가 코로나 위기에 직면했다. 선별진료소 근무 역시 어려움이 컸다. 얇은 텐트 안에서 칼바람을 맞으며 추위를 견디는 것은 일도 아니었다. 집단감염으로 인해 수많은 사람을 대상으로 검채와 상담, 문진과 역학조사를 작성하기란 너무 힘들었다. 5시간 동안 역학조사서 작성과 검체를 80명씩 진행하기란 생각보다 훨씬 힘겨웠다.

화장실을 한 번 갈 때마다 방호복을 교환해야 하기 때문에 화장실 가는 횟수를 줄이고 혈세를 낭비하면 안 된다는 생각이 들었다. 그래서 이뇨작용이 왕성해지는 커피와 카페인 음료는 마시지 않았다. 초기에는 인력도 부족하고, 매뉴얼도 없었다. 역학적으로 연관성이 없는 사람을 상대하기도 쉽지 않았고, 사람들을 설득해서 문진 교육하는 일도 쉽지 않았다. 그 가운데 무조건 큰소리치며 검사를 해달라고 떼쓰는 사람들. 종교 시설에 가야 하니 서둘러 달라는 사람들. 무증상 확진자가 나와서 불안해서 못 살겠다고 하는 사람들. 자신도 모르게 감염되었는지 확인해달라는 사람들. 검사 대상이 아님에도 검사자 얼굴에 타액을 뿌려서 코로나에 걸리도록 하겠다고 위협하는 사람들. 코로나 바이러스보다 사람이 더 무섭고 힘들 때가 많았다. 마음속으로는 불안과 공포에 떠는 사람들을 정서적으로 지지해주지 못하는 상황, 그 자체가 안타깝고 마음 아팠다.

근무지 밖에서도 어려움은 계속 이어졌다. 친구나 지인들 만나기가 어려웠고, 감염의 최전방에 있는 까닭에 '혹시, 내 가족에게 피해를 끼칠 수도 있다'는 생각에 늘 불안했다. 대중교통을 이용할 때면, '만약 코로나19 검체 검사를 한 사람들로부터 내가 감염되었다면, 지금 이곳에 있는 사람들에게 옮기는 건 아닐까?'라는 생각에 불안했다. 그래서 손이 거칠어질 정도로 소독하고, 개인위생에 더 신경 써야 했다.

힘든 시기를 버틸 수 있던 까닭은 정부와 주변의 도움이 컸다. 세계 어느 나라도 뾰족한 해결책이 없는 상황에서도 대한민국 정부와 질병관리본부에서 내려오는 지침은 나침반이 되었다. 공식 채널을 통해 내려오는 대응지침들은 현장에서 근무하는 사람들 모두에게 어둑한 밤, 한 치 앞도 살필 수 없는 망망대해에서 올바른 이정표가 되었다.

일반 시민들의 격려와 응원도 힘을 더했다. 허리춤에서 꼬깃꼬깃 모아둔 만 원짜리를 손에 꼭 쥐여주고 달아나듯이 뛰어간 할머님. 길 가다가 허리 숙여 고마움을 전한 할아버님. 하나하나 정성껏 떡을 포장해서 건넨 스님들. 직접 내린 커피에 응원 카드를 손수 써서 건넨 교회 사람들. 그분들 때문에 우리가 현장에서 노력하고 있음을 깨달았다. 우리와 함께 시민 모두가 코로나와 맞서 싸우고 있던 것이다.

고마운 사람들 덕분에 더욱 힘을 내어 일했고, 선별진료소에서 나보다 더 일을 잘 아는 사람이 없을 정도로 몰입했다. 많은 사람이 고마움을 전했지만, 사실 내가 더 그분들에게 감사한 마음이다. 경단녀에게 일할 공간을 준 보건소가 고마웠고, 누군가에게 도움이 될 수 있음이 고마웠고, 사명감과 행복감을 느낄 수 있도록 해준 모든 사람이 고마웠다.

그렇게 시간이 흘렀고 4월 말, 관악구보건소 코로나19 대응 선별진료실에서 근무를 끝마쳤다. 피곤한 몸을 잠시 쉴 생각도 했지만, 나는 다른 선별진료소에서 새로운 근무를 앞두고 있다. 대한민국의 간호사라면 누구나 나와 같은 마음일 것이다. 간호사로서 이런 시국에 일할 수 있음에 감사하고 행복하다. 시민과 사회에서 우리의 손길이 필요하다면, 우리는 그곳에서 '간호사의 사명'을 다할 것이다.

이강용 | 서울대학교병원

#돌격앞으로 #레벨D_CPR모의훈련 #내발은_엘리베이터보다_빠르다

자랑스러운 어머니와 함께하는 길을 상상하며

이미라 | (주) LIG넥스원

나의 어머니는 일반인들이 잘 알지 못하는 산업현장에서 간호사로 25년째 장기근속 중이다. 직장은 사업장이 많은 구미공단에 있었기 때문에 대구에서 장거리 출퇴근을 했다. 올해 2월 초 갑자기 대구에서 코로나19 확진자가 늘었고, 대구와 인근 지역은 격리 조치 되었다. 특히 대구 근교에 위치한 회사는 대부분 재택근무로 바뀌었고, 어머니 근무처도 예외가 아니었다.

거의 모든 사람이 재택근무로 바뀌었지만, 어머니는 상황이 달랐다. 산업체 간호사인 어머니는 코로나19와 관련해서 필수 인원이었다. 날이 갈수록 심각해지는 상황에서 어머니는 갑자기 짐을 꾸렸고, 구미에 있는 기숙사로 들어가야만 했다. "우리 큰딸 1~2주

징도 집을 비워야 하니까. 농생과 아빠를 잘 부탁해"라는 말을 놓아두고 길을 떠났다.

어머니가 부재 기간 동안 가족끼리 집안일을 나누었지만, 실제로는 거의 내 몫이었다. 대학생에서 주부로 생활이 바뀌었고, 밥과 빨래 집안 청소 등을 도맡아 가며 어머니의 빈자리를 대신했다. 어머니 회사는 직원이 1천 명을 넘었기 때문에 단 한 명이라도 코로나에 감염되면 큰일이었다. 어머니는 떠나는 순간부터 '초조와 불안의 시간'이었다고 한다.

짬을 내어서 통화하면 어머니의 목소리는 쇠소리처럼 쉬어 있었다. 왜 그러시냐고 물으면, '체온 측정과 안전 교육, 상담 등을 하느라 목을 많이 써서 그렇다'라고 했다. 연일 뉴스에서 코로나19 속보가 터져나왔고, 대구를 비롯해서 모든 회사가 비상체제에 돌입했다. 한 주면 돌아오시리라 여겼는데, 어머니는 다시 한 주 동안 연장근무를 신청했다고 전해왔다.

업무상 단기 교육 외에는 오랫동안 집을 비운 적이 없었기에, 어머니의 공백은 훨씬 더 커 보였다. 그 자리를 채우려고 애쓴 한 주가 더 연장되었고, 주부 생활에서 탈출하고 싶던 꿈도 물거품이 되었다. 어머니만큼은 아니더라도 힘든 시간이 한 주 더 연장되면서, 그렇게 '간절한 바람'은 또다시 무너졌다. '우리 딸, 너무…

미안해. 한 주 더 연장되었어'라는 문자 메시지를 받고 심장이 내려앉는 것처럼 막막했다.

이제는 방법이 없었다. 희망고문보다 체념하는 편이 빨랐다. 현실에 적응하는 편이 나름 최선의 방법이라 생각했다. 한편 먼 곳에서 어머니 혼자 애쓸 생각을 하니 걱정이 앞섰다. 당시 모두가 위기였다. 대구와 경북은 깜깜한 터널 속을 지나가는 상태였고, 어머니가 없는 3주간의 시간도 우리 가족에게 많은 깨달음을 전했다.

그 사이 대구에서 확진자 수가 조금씩 감소했고, 어머니도 3주간의 파견 생활을 마치고 집으로 돌아왔다. 수척해진 모습으로 돌아온 어머니와 이젠 주방이 익숙한 내 모습이 낯설기만 했다. 코로나19가 바꿔놓은 역할 변화는 또다시 경험하고 싶지 않은 시간이다. 소소한 일상이 무너지고, 관계가 단절된 채 생활하는 동안 적지 않은 것을 깨달았다. 우리 가족도 어머니가 없는 부재의 시간 동안 '서로의 소중함'을 다시 한번 느끼는 시간이었다. 오랜만에 가족 모두 함께한 저녁 시간에 어머니는 "힘이 된 한 마디가 있다"며 말문을 열었다.

"갑자기 집을 비워야 했을 때, 엄마도 조금 당황스러웠단다. 그런데 우리 딸이 내게 들려준 말, 기억하니?"라고 엄마가 물었다. 우리 가족은 모두 가만히 엄마의 말에 집중했다. "엄마는 전쟁이 일어났어도 그런 비상 사태에 꼭 필요한 사람이잖아요. 당연히 엄마가 가야 할 곳이잖아요"라고 내가 한 말이, 큰 힘을 주었다고 한다. 그날 엄마의 말에 우리는 한동안 말을 잇지 못했지만, 꽤 행복한 시간을 보냈다.

다행히 어머니가 근무하는 회사에서 단 한 명의 코로나 확진자가 없다고 한다. 직원 모두 건강하게 산업 현장을 지키고 있다는 소식을 듣고, 코로나19가 발생했을 때 책임감과 사명감으로 현장으로 달려가신 어머니가 다시 한번 자랑스러웠다.

사실 어머니는 내게 있어 선배님이다. 나도 어머니처럼 타인을 돕고 싶고, 사회에 보탬이 되는 간호사의 길을 선택했다. 간호학과 학생인 나 역시 코로나19 사태를 누구보다 잘 알고 있다. 위기에 처했을 때 망설임 없이 현장으로 달려가는 간호사 선배님들의 길. 지금 나의 어머니가 걷고 있는 길을, 나도 언젠가 함께 걷고 있을 것이다. 그런 상상을 하면 마음이 단단해지곤 한다.

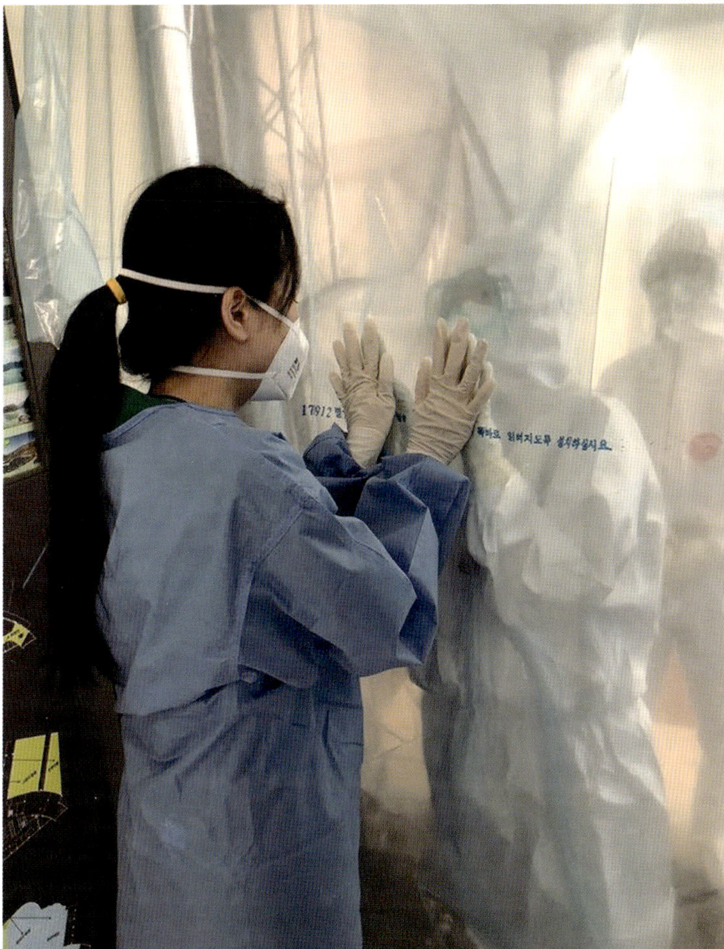

안아름 | 청풍리조트 생활치료센터

#잠시멈춤_잠시안녕

#온기를_전해요

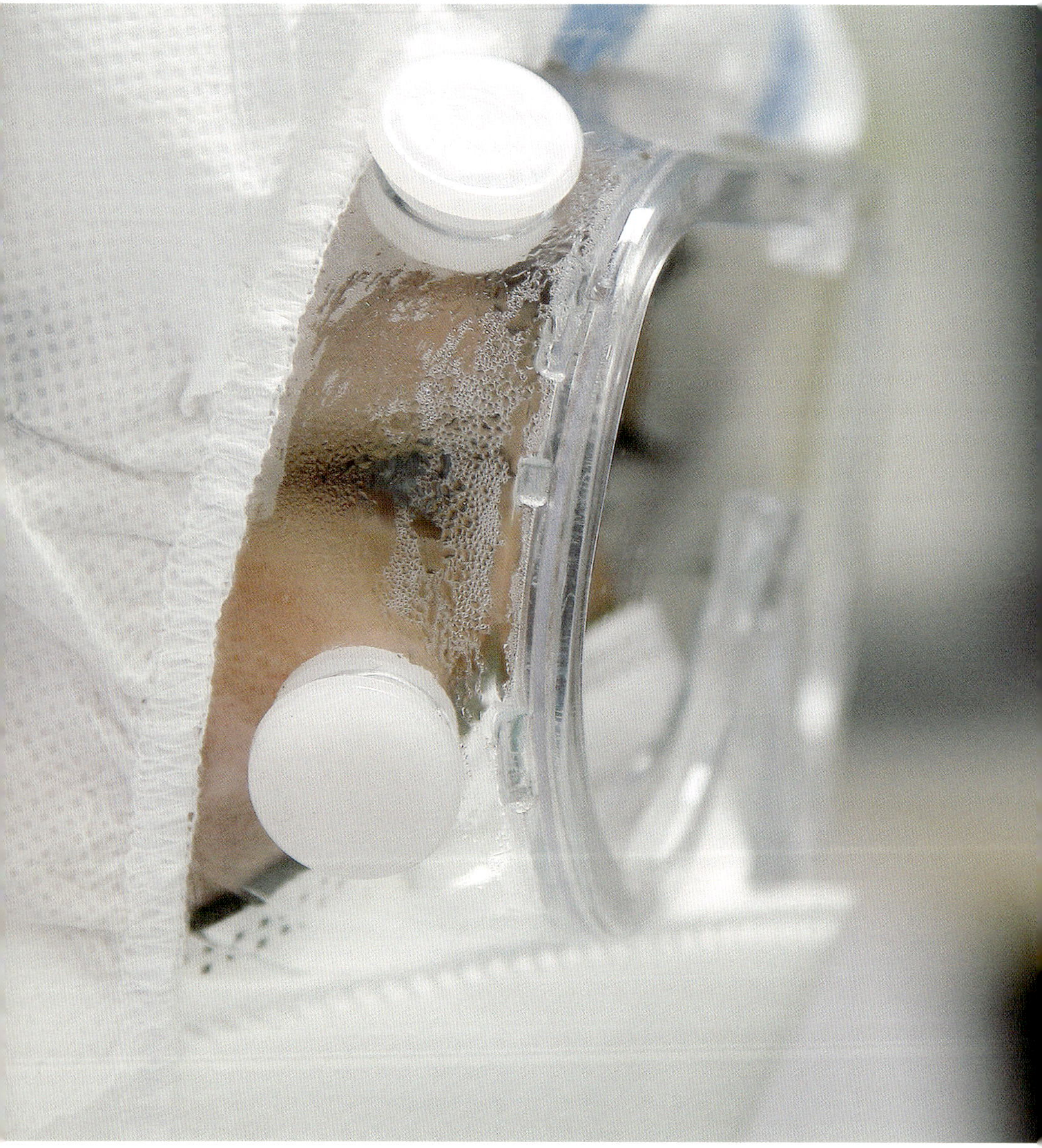

김홍식 | 대구보훈병원 방사선사

#고글을_한가득_채운_습기

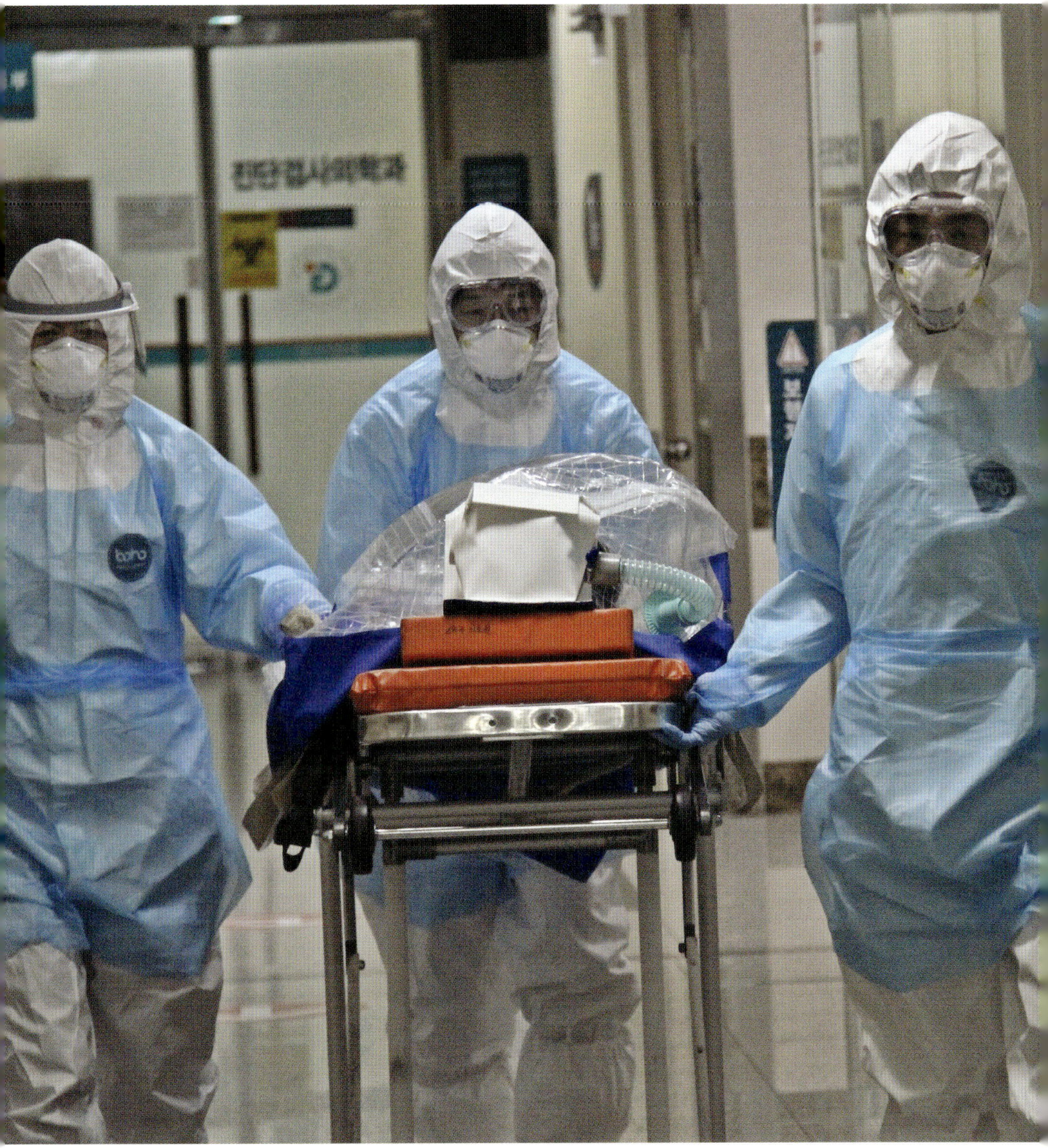

대구의료원

#신속대응의료진_코로나환자이송

당신들과 함께하지 못한 미안함, 하지만 당신들을 자랑스러워하는 한 사람

김경화 | 한국보훈복지의료공단 중앙보훈병원

'간호부장 김경화' 중앙보훈병원 외래 간호팀 운영을 맡고 있는 현재 직함과 이름이다. 일과 삶, 그 가운데 간혹 어려운 결정을 할 때가 있다. 그럴 때마다 나는 종이 위에 이름과 직함을 적어놓고, 오래도록 생각하는 습관이 있다. 내가 솔선수범해야 하는 경우도 있고, 부서운영자로서 어떤 결정을 '해야만 할 때'가 있는데 이런 결정이 가장 힘들다. 대구가 위기에 놓였을 때, 우리 병원에서 세 명의 간호사를 현장에 파견했다. 그 가운데 정○○ 간호과장과 노○○ 주임은 나와 함께 일하는 동료이다. 코로나와 관련해서 지난 한 달간의 여정을 부서장 시선으로 기록한다.

2월 20일 목요일, 예상이 현실로 다가왔다. 코로나19가 창궐하면서 공공의료기관의 역할 수행이 절실해졌고, 긴급회의가 소집되었다. 우리 병원 소속 간호사 세 명을 대구로 파견해야 했다. 시급한 위기 상태였지만, 누구 하나 쉽게 결정을 내릴 수 있는 상황이 아니었다. 어쩌면 본인뿐만 아니라 가족의 생명에도 영향을 미칠 수 있기 때문이다. 부서 운영자로서 직원들에게 파견 관련 의사를 묻기란 '내가 자원하여 참여하는 것'보다 훨씬 힘들었다. 직원들에게 파견 관련 생각을 물을 때마다 입이 떨어지지 않았다. 저마다 말 못 할 사정이 있었기 때문이다.

회의 자리에서 모든 시선이 나에게 쏟아진 건, 선별진료소에서 비상근무 중인 정○○ 과장에게 전화를 걸 때였다. 마음속으로 '받지 마라, 전화받지 마라'라고 생각하는데. 정 과장은 눈치도 없이 전화를 받고서 "부장님, 제가 대구로 가야 하지요? 저는 괜찮아요. 제가 가겠습니다!"라며 쾌활하게 웃으며 답했다. 그 목소리 때문에 나는 더 미안하고 가슴 아팠다. 바로 그때 파견의사 타전을 위해 전화 걸었을 때 받지 못한 노ㅇㅇ 주임에게 전화가 왔다. "제가 갈게요!"라는 말이 수화기 건너편에서 들려왔다.

자식을 전쟁터에 보내는 부모의 심정이 이럴까. 한동안 머릿속이 복잡했고, 가슴에 돌덩이를 얹어 놓은 듯했다.

퇴근길 백화점에 들러 파견 보낼 직원들에게 줄 홍삼세트를 샀다. 공공장소에 나갈 때도 중무장을 하는데 대구 현장은 어떨까.

눈앞에 그려지는 상황들이 안타깝고 미안했다.

2월 22일 새벽 기차로 출발하는 동료를 배웅하니, 떠난 이들이나 남은 사람 모두 힘겨운 하루였다.

동료 두 명을 대구 현장으로 떠나보내고, 돌아서는 발걸음이 무겁다. 집으로 돌아오니 어머니가 "마음이 많이 불편한가 보구나. 내 자식 두고 남의 자식 사지로 보낸 것 같아서 나도 마음이 안 좋구나"라고 하신다. 나와 우리 가족은 한동안 TV를 켜지 않았다. 코로나 뉴스를 볼 때마다 직원들 얼굴이 떠올랐기 때문이다. 그때였다. 노 주임의 남편분으로부터 문자 메시지가 도착했다.

안녕하세요.

저는 노○○ 주임 간호사의 남편입니다.

아내로부터 부장님이 미안함과 걱정이 크시다고 전해 들었습니다.

아내를 보내면서 든 생각을 몇 자 적어 보내드립니다.

아내가 내일 새벽 대구로 갑니다.

코로나가 창궐한 지역으로 의료지원을 떠납니다.

아내로부터 이야기를 듣고, 크게 놀라고 당황했습니다.

"아니 다른 사람도 있을 텐데. 왜, 당신이 가야 하냐?"

그러면서 거절하지 못한 아내가 우둔하고 바보스러워서

화도 났습니다.

아내가 그러더군요. 고참인 내가 모범을 보여야 하고,

올바른 신앙인으로서 책임을 다하고 싶다고 하더군요.

저는 선발대 말고도 뒤에 가면 좀 낫지 않느냐고

타박을 주었습니다.

밤을 새우고 나서 새벽에 묵상하면서,

내가 참 믿음이 부족하고 사랑이 없구나 싶었습니다.

고통받고 아픈 사람이 있는 곳에 누군가는 치료를 해야 하는데.

내 가족만 그곳에 가지 말라는 생각이 이기적이고 부끄럽더군요.

담담하게 결정한 아내보다 제 자신이 작아 보였습니다.

이제 곧 대구로 떠나는 아내를 두 아이와 배웅 갑니다.

아내가 평온한 마음으로 잘 다녀올 수 있도록

응원한다고 말하겠습니다.

평소에도 아내를 잘 챙겨주신다고 전해 들었습니다.

부장님을 원망하지 않습니다. 그러니 너무 걱정 마시고,

부장님도 아내를 위해 기도 부탁드립니다.

노 주임 간호사 남편분의 편지를 보니 감사한 마음에 가슴이 미어지며 눈물이 쏟아졌다. 그날은 쉽게 잠들지 못했다.

레벨D 방호복을 입고 이중으로 착용한 장갑으로 채혈하고, 주사를 놓느라고 힘들 텐데. 파견 간 직원들은 본원을 걱정한다.

한 달이란 시간 동안 파견은 우리의 일상을 바꿔 놓았다. 무엇보다 코로나 현장으로 파견 간 직원들이 고맙고, 두 사람의 빈자리를 서로 나누어가며 업무에 임한 본원 직원들에게도 감사한다. 코로나는 어디 한 곳도 안전지대가 없다. 그런 상황에서 묵묵하게 자신의 일에 최선을 다해준 직원들이 고맙다.

2월 28일 금요일, 마음이 무겁다. 파견 간 박○○ 주임 간호사의 어머니께서 편찮으시다는 연락을 받았다. 현재 요양 중이신데, 건강이 악화되었다는 연락을 받고도 갈 수 없는 박 주임에게 미안했다. 코로나19 현장에 파견 간 의료인은 일정 기간 자가격리를 받아야 하니, 당장 문병을 갈 수 있는 상황도 아니다. 안타까운 소식에 하루가 너무 무겁다.

3월 3일 화요일, 대구 파견팀으로부터 안타까운 소식이 전해졌다. 확진 판정을 받은 딸이 어머니에게 전파시켜, 모녀가 함께 병동에 입원했는데, 기저질환이 있는 모친이 사흘 만에 돌아가셨다. 가족 가운데 딸 혼자만이 어머니의 마지막을 지켜봤다고 한다. 장례식에도 참석하지 못하는 딸의 심정은 어땠을까. 파견 간 직원들의 목소리로 소식을 전해 듣고, 마음이 아팠다.

대구 현장이 갈수록 업무량이 많아지고 피로가 쌓인다고 한다. 장시간 방호복 착용으로 얼굴에는 상처가 나고, 탈수증으로 힘들다면서도 3명의 동료가 서로 의지하면서 견디고 있다. 병원과 동료가 보내준 편지와 건강식품, 손수 만든 밑반찬을 먹고 기운을 차렸다고 한다.

파견 나간 직원들에게 연락이 왔다. '다음 파견자를 구하기 힘들거나, 또 구하더라도 2주간 격리되어야 하니 본원 인력 사정을 고려해서 자신들 파견기간을 연장하겠다'는 것이다. 나는 건강이 우선되어야 간호 활동도 할 수 있다고 말하며, 다음 파견팀도 준비하고 있으니 격리 뒤 안전하게 복귀하라고 말했다. '고생해 본 사람이 그 마음을 안다'고 파견 간 직원들은 다음 파견자 걱정뿐이다. 그 마음이 믿음직스럽고 고마울 뿐이다.

3월 6일 금요일은 파견 마지막 날이다. 직원들과 영상 통화를 했다. 이전보다 얼굴이 많이 수척해졌고, 체중도 줄어들어 보였다. 힘든 상황이 그대로 전해졌지만 그래도 건강하게 복귀할 수 있음에 감사했다. 영상 통화에서 그저 말없이 서로 웃기만 했다.

대구 파견팀이 3월 7일부터 강원도 모처에서 숙소를 정하고 격리에 들어갔다. 그 시간 간호본부에서는 음식 솜씨 자랑이 이어졌다. 직접 만든 음식을 현장으로 보내서 '자랑스러운 우리 간호사 동료를 응원하려는 마음'이었다. 따뜻한 음식을 직접 전할 수는 없었지만, 먼 발치에서 바라만 보고 와도 마음이 훈훈했다. 고맙다는 말, 사랑한다는 말은 직접 보고 할 생각이다.

3월 8일 일요일, 박○○ 주임 간호사 모친께서 소천하셨다.

며칠 전 코로나19 확진자 모녀의 소식을 전하면서, 서로 울면서 그 아픔을 함께 나누었는데. 정작 박 주임은 어머니의 임종조차 볼 수 없었다. 억장이 무너지는 날이다. 병원의 직원 모두가 명복을 빌었고, 그 슬픔에 한동안 멍할 수밖에 없었다.

유재석 씨가 진행하는 방송 프로그램에 정○○ 과장이 나왔다. '의료진과 봉사자 여러분을 응원'하는 인터뷰였다. 씩씩한 모습으로 인터뷰하는 정 과장을 보면서, 순간 눈가에 눈물이 고였다. 방송하는 유재석 씨가 우는 모습에 "저는 괜찮아요. 걱정하지 마세요. 제가 유재석 님을 울린 건가요"라고 정 과장이 말하는데. 그 장면에서 우리 모두 펑펑 울고 말았다. 3월 11일 금요일 밤은 미안함과 고마움으로 가득 찬 시간이었다.

3월19일 반가운 소식이 전해왔다. 2주간 격리도 끝나가고, 코로나19 검사에서 세 사람 모두 음성 판정을 받았다. 세상에서 제일 기쁜 선물을 받았다. 이제 곧 다시 우리는 만날 수 있다.

드디어 그날이 왔다. 3월 23일 파견근무를 마친 우리 간호사들이 돌아왔다. 전 세계가 코로나 위기 속에서 움츠려 있을 때, K-방역 신화를 만든 우리의 주인공들이 돌아왔다. 힘든 상황에서도 가장 먼저 환자가 있는 곳으로 달려간 사람들. 수척한 얼굴이었지만, 손을 맞잡고 부둥켜 안고 얼마나 울었는지 모른다. 슬픔의 눈물이 아니었다. 기쁨의 눈물이고 대견한 눈물이었다.

홍일화 | 원광대학교병원

#레벨D_장착

#코로나전사_준비완료

우리는 절대 여러분을 포기하지 않습니다
그러니 함께 힘을 내어주세요

김민아 | 칠곡경북대학교병원

2019년 12월 중국 우한 지역에서 원인을 알 수 없는 호흡기 바이러스 질환으로 사망자가 발생했다는 뉴스를 접했다. 그것을 시작으로 2020년 새해 연휴 동안 중국에서 감염이 확산되고 있다는 소식을 접하면서, 대한민국도 이젠 안심할 수 없다고 생각했었다. 하지만 코로나19 확산지가 인구가 많은 수도권이 아닌 대구가 될 것이란 상상은 단 한 번도 하지 못했다. 그러나 메르스 사태에 이어 코로나19 확산과 이슈의 중심에 대구가 있었다.

2020년 2월 18일, 31번 확진자 소식을 시작으로 대구지역 내 대학병원의 분위기는 심상치 않게 흘러갔다. 내가 근무하고 있는 병원에서도 자유롭게 출입이 가능하던 출입구가 모두 봉쇄되고, 병원 중앙 로비의 정문 출입구 한 곳만 개방이 되었다. 내원객들을 대상으로 발열 체크하고 손 소독 등 철저한 관리가 시작되었다. 또한 직원 모두는 마스크를 착용하고 매일 발열 체크와 전산 등록 등 감염 관리 통제에 따라야 했다.

아울러 코로나19 환자 발생을 대비하여 음압격리병상을 확보하고, 확진 환자 발생 시 이동 경로와 관리 체계를 마련했다. 또한 의심 환자 검사를 위해 선별진료소를 설치하는 등 코로나19와 맞서 만반의 준비를 갖추었다. 이런 과정에서 평소와 다른 불편함과 스트레스가 조금 있었지만, 두려움이나 걱정은 크지 않았다. 왜냐하면 우리는 2015년 메르스를 경험했고, 극복한 세대였기 때문이다.

코로나19 환자가 우리 병원에 입원할 경우 외래에서 근무하는 내가 확진 환자를 돌봐야 하는 건 아니었다. 하지만 매일 긴장하면서 새로운 소식에 귀 기울이며 신경을 곤두세웠다. 왜냐하면 메르스와 달리 코로나19의 엄청난 전파력에 관해 뉴스를 통해 충분히 접했기 때문이다. 또한 같은 병원에서 근무하는 남편도 신경이 쓰였지만, 무엇보다 여섯 살 아들이 걱정이었다. 남편과 내가 병원에서 근무하는 특수성도 있었지만, '우리 가족도 코로나19에 감염될 수 있겠구나'라는 불안감은 한 아이의 엄마로서 감출 수 없었다.

불안감에 불을 붙인 건, 남편이 응급실로 파견 가는 그 순간부터였다. 2월 말부터 대구 지역은 신천지와 관련하여 코로나19 확진자가 기하급수로 늘었다. 확진자가 다녀간 다수의 병원이 일시적으로 폐쇄되었고, 우리 병원 응급실로 방문하는 환자가 급증했다. 대구 시민들의 불안감도 커지면서 선별진료소로 문의 전화가 폭주했고, 코로나19 검사 요청이 늘어나 기존 업무가 마비되는 사태에 이르렀다. 이를 해결하기 위해 같은 병원에 근무하는 남편이 먼저 응급실 파견을 나가야 했다. 남편은 레벨D 방호복을 착용하고 근무하는 것이 너무 힘들다고 말했다. 처음에는 그저 안타까운 마음뿐이었다.

3월의 대구는 그야말로 아수라장이었다. 코로나19 확진자가 끊임없이 증가했고, 확진 환자가 입원할 병실이 너무 부족했다. 자가격리 대상자가 급증했고, 그런 와중에 치료 시기를 놓쳐 자택에서 사망하는 사례도 발생했다. 특히 코로나19 중환자 치료를 위한 음압격리병실이 턱 없이 부족한 상황이었다.

대구 지역 내 상급종합병원인 우리 병원에서는 지역사회거점병원으로서 문제 해결을 위해 음압 중환자실 준비를 결정하였고, 기존에 다른 용도로 사용하던 곳을 음압 중환자실로 변경하는 공사를 시작했다. 그와 동시에 코로나19 중환자 간호를 전담할 인력 배치도 실시하였다.

하지만 이미 코로나19와 관련하여 일반병동으로 간호사

인력을 많이 파견했고, 추가로 중환자 간호를 담당할 인력 파견과 배치가 생각보다 순탄치 않았다. 우선 중환자실 경력이 있는 간호사를 중심으로 파견 결정을 전해 들었다. 또한 외래 부서의 간호사를 파견하여 인력을 보충한다는 소식도 떠돌았다. 순간 나는 직감했다. '외래 근무자이지만 내가 그곳에 가서 일을 해야 할 수도 있겠구나'라는 생각이 들었다.

얼마 뒤 내가 근무하는 곳에도 코로나19 파견과 관련하여 지원자 모집 전화가 걸려왔고, 3월 5일 나는 음압 중환자실로 함께 파견을 나가기로 결정했다. 갑작스런 파견 결정에 앞서 아들의 얼굴이 제일 먼저 떠올랐다. 모든 유치원이 개원을 연기하면서 아들은 종일 집에서 시간을 보냈다. 퇴근하는 엄마만 손꼽아 기다리지만, 이제 코로나19 환자 간호를 시작하면 당분간 아이를 만날 수 없었다. 보호구를 착용하고 근무한다고 해도, 퇴근 뒤 같은 공간에서 생활할 수 없기 때문이다. 나 때문에 내가 사랑하는 가족이 절대 아파서는 안된다고 생각했다. 아빠도 응급실에서 환자를 간호하는데, 엄마마저 코로나19 중환자실에서 근무하면 우리 아들은 누가 돌봐야 할까. 어떤 사명감보다 모성애가 앞서는 걸 어쩔 수 없었다. 남편과 상의 끝에 타 지역에 사시는 친정 부모님께 아이를 맡겼다. 친정 부모님은 잘한 선택이라며, "아이는 걱정 말고. 너희 걱정이나 하라"는 무뚝뚝한 경상도 아버지의 말씀에 오래도록 가슴이 아렸다.

마치 이런 상황을 알기라도 하듯이 아들은 엄마 아빠에게 씩씩하게 손을 흔들어 주었다. 시골에 아이를 맡기고 돌아서면서도 손 흔드는 아이의 모습이 떠올라 눈시울이 붉어졌다. 친정 부모님에게 고마운 마음과 함께 아이가 대견해서 눈물이 그치지 않았다.

음압 중환자실은 여러 곳에서 파견 나온 간호사로 가득했다. 처음 간호사로 일하면서 다짐했던 마음가짐이 떠올랐고, 마치 우리 모두 어벤저스라도 된 듯이 무언가 가슴에서 뜨거운 것이 솟아올랐다. 우리 모두는 소중한 가족을 뒤에 남겨놓고, 코로나19와 맞서 환자를 지키기 위해 간호사로서 소임을 다할 준비가 되어 있었다. 그렇다고 해도 마음 한쪽에는 중환자실 운영 관련 걱정과 불안감이 공존했다.

3월 7일부터 음압 중환자실에 코로나19 관련 환자들이 입원하기 시작했다. 중환자실 경험이 없던 나는 '혹시 다른 동료에게 도움이 되지 못하면 어떡하지'라는 걱정을 안고 출근했다. 입원 환자는 총 3명. 내가 담당할 환자는 인공호흡기를 하고 있는 70대 할머니이었다. 백발에 곱게 파마한 모습이 외할머니를 닮았는데, 어쩌다가 이런 몹쓸 바이러스에 걸려 고생하시는지 안타까웠다. 이 분도 누군가의 어머니이고, 할머니일 텐데….

마치 이런 상황을
알기라도 하듯이
아들은 엄마 아빠에게
씩씩하게 손을
흔들어 주었다.
시골에 아이를 맡기고
돌아서면서도 손 흔드는
아이의 모습이 떠올라
눈시울이 붉어졌다.

그분의 가족이 걱정하는 모습이 떠올라 더 열심히 간호하리라고 다짐했다.

음압 중환자실은 레벨D 방호복과 PAPR(전동식 호흡보호구)을 착용해야만 출입이 가능했다. 환자의 간호를 위해서라면 불편한 장비들은 감당할 수 있다고 여겼지만, 매 회당 2시간 이상 활동하면 체력에 한계를 느낄 수밖에 없었다. 우리는 2시간이 지나면 다른 사람들과 교대하는 방식으로 간호시스템 체계를 세웠다. 그렇기 때문에 내가 음압격리병실에 들어가면 2시간 이내에 계획한 모든 처치와 간호를 실행해야 했다. 그렇지 않으면 다른 동료가 고생하기 때문이다. 하지만 몰입하다 보면 순식간에 시간이 흘렀고, 2시간이 훌쩍 지나가기 일쑤였다. 그렇게 일에 집중하다 보면 마스크와 장비로 답답했고, 고글이 머리를 눌러 두통이 발생했다. 간호를 끝내고 나면 방호복 속에는 온통 땀으로 흥건했고, 얼굴에 눌린 자국은 퇴근할 때까지도 지워지지 않았다. 상상할 수 없는 짧은 휴식에 다 식은 도시락으로 끼니를 때워야 했다. 하지만 우리는 환자의 회복을 위해서 서로가 서로를 의지하며 하루하루를 이겨냈다.

그러던 어느 날 할머님의 혈압이 저하되어 승압제를 투여했다. 산소포화도도 역시 떨어져서 주치의는 보호자에게 연락을 하고 상황 설명을 한 뒤 병원으로 오도록 전했다. 보호자인 딸과 사위는 환자 상태를 보고 하염없이 눈물을 떨구었다. 그 모습을 보고 있으니 코로나19가 왜 생겨나서, 전 세계의 사람들을 아프고 힘들게 하는지 야속했다. 코로나19와 맞서 일선에서 최선을 다하지만, 할머님의 건강 상태가 악화되는 것이 우리 탓인 듯해서 자책감이 들기도 했다. 그렇게 첫 담당 환자였던 할머님을 슬픔 속에 떠나보내야 했다. 슬픔이 채 아물기도 전, 며칠 지나지 않아서 다른 환자는 상태가 심각하게 나빠져 체외막 산소화 장치라고 불리는 에크모를 달게 되었다. 시간이 지날수록 코로나19에 대한 무서움과 야속함이 더해져만 갔다. 그렇게 우리의 의욕이 떨어져 갈 때 쯤, 또 다른 옆에 환자는 다행히도 컨디션을 회복해서 코로나19 일반병동으로 전실하였다. 코로나와 맞서 싸우며 환자를 돌보는 일을 하면서 생과 사를 넘나드는 경험을 하는 순간이 많았다. 때론 원망과 슬픔 속을 넘나들지만, 환자 상태가 나아져서 일반병동으로 옮기는 모습을 보면, 다시 한번 용기와 힘을 얻기도 한다.

봄이 어떻게 피고 졌는지도 모르게 3월이 지나갔다. 일반병동으로 옮긴 환자는 4월 초에 코로나19 재검사에서 음성 판정을 받았다는 기쁜 소식과 함께 대구 지역에서도 확진자가 감소했고, 중환자실로 들어오는 환자도 줄어들었다. 그렇게 우리는 슬픔과 기쁨이 공존하는 일희일비(一喜一悲)의 시간을 함께 견뎠다.

서로 말하지 않았지만, 조금만 더 지나면 일상으로 돌아갈 수 있다는 희망을 품기도 했다. 파견기간 동안 우리에게는 사지를 넘나들면서 피보다 진한 동료애가 생겼기 때문에 이별의 아쉬움도 그만큼 크게 다가왔다.

그러던 어느 날이었다. 중환자실로 들어오는 환자 수가 감소하여 외래 파견 간호사는 기존부서로 복귀하라는 소식을 전해 들었다. 한 달 반이라는 짧은 시간 동안, 생사고락을 함께한 동료와 헤어진다는 사실이 가슴 아팠다. 전우애보다 더 진한 간호사들의 동료애가 너무 굳게 우리 사이를 맺어 주었기 때문이다. 음압 중환자실이 개동하기 이전부터 먼저 와서 고생한 동료의 얼굴들이 떠오르면서 미안한 마음이 컸다. 그러면서 아직 완치되지 않은 우리 환자들의 얼굴도 떠올라 죄송스러웠다.

코로나19는 우리의 일상을 크게 바꿔놓았다. 그 가운데 간호사로서 코로나19와 맞선 40여 일의 시간은 여러 가지 생각을 떠올리게 한다. 위기 상황에 도망치지 않고 끝까지 맞서 최선을 다한 동료 간호사와 의료진을 생각하면 숙연해진다. K-방역 최전선에서 환자를 지키기 위해 애쓴 시간은 두고두고 값진 경험이 될 것이다. 지금도 코로나라는 병마와 맞서 싸우고 있는 환자분들과 시름에 쌓인 보호자들에게 전하고 싶은 말이 있다. '환자 곁에서 묵묵하게 활동하는 간호사와 의료진들이 있으니, 걱정하지 말고 끝까지 포기하지 마시라'고 들려주고 싶다.

"우리는 절대 환자 여러분을 포기하지 않습니다. 그러니 여러분도 함께 힘을 내어주세요"라는 말을 꼭 전하고 싶다.

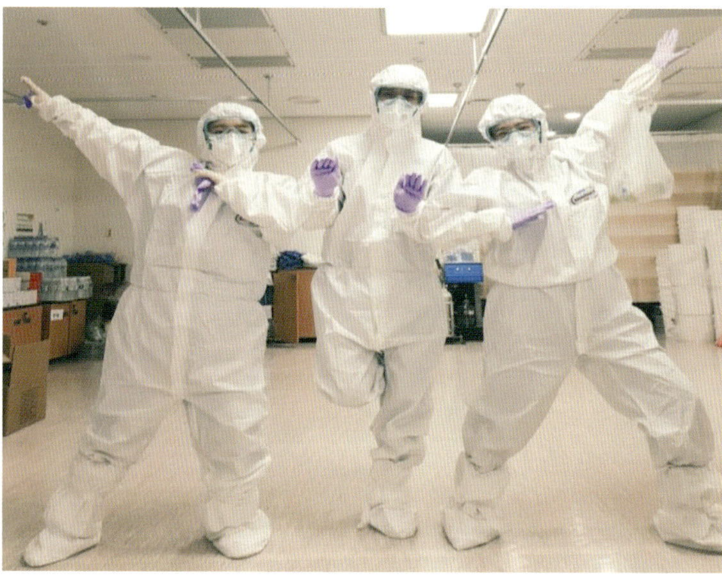

이남희 | 칠곡경북대학교병원

#코로나_다덤벼

#We_Are_Heroes

엄마를 부탁해!

엄마의 빈자리를 대신한 45일간의 마음

김민경 | 박미정 간호사 가족, 상주여자중학교

2월 마지막 날. 엄마가 일하는 곳이 코로나19 감염병 전담병원으로 선정되었다.

"방역 현장은 감염 예방을 위해 격리된단다. 당분간 엄마가 없더라도, 아빠랑 동생 잘 부탁한다. 우리 딸!"

처음에는 엄마가 집에 오지 못하는 게 싫었지만, 어쩔 수 없으니 그냥 이해하려고 노력했다. 평소에도 아빠는 집에 늦게 들어오셨고, 엄마는 교대 근무로 얼굴 보기가 힘들었다. 그러니 나는 동생들과 지내는 시간이 많았다. 사실 별로 걱정하지 않았지만, 시간이 지나면서 엄마의 빈자리가 생각보다 크게 다가왔다.

엄마가 안 계시는 동안 동생들과 함께 역할을 분담하여 집안

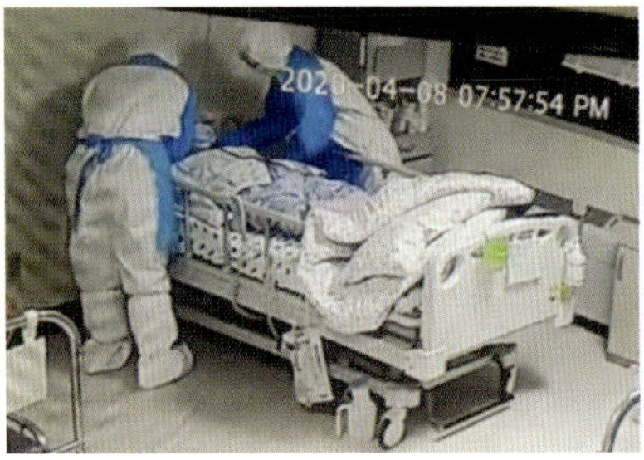

#엄마는_코로나환자를_돌보고
#나는_동생들을_돌보고
#자랑스러운엄마

일을 나눴다. 나는 빨래와 집안 정리, 동생들 씻기기 등을 하며 엄마가 없는 빈자리를 조금만 채우면 된다고 생각했다. 하지만 얼마 지나지 않아서 온라인 개학을 하면서 상황이 달라졌다. 실시간으로 과제도 하면서 집안일을 하기란 쉽지 않았고, 어느 때는 힘들어서 솔직히 화가 많이 났다.

“다른 친구들은 과제를 끝나면 놀거나 자는데. 왜, 나는 쉬지도 못하고 집안일까지 해야 하지!”라며 투덜댔다. 친구들이 부러운 만큼 코로나가 원망스러웠다. 왜, 하필 우리 엄마가 근무하는 곳이 지정병원으로 선정되었는지도 불만이었다. 하지만 엄마는 코로나가 발생하기 이전에도 매일 이렇게 병원 일을 마치고 돌아와서 집안일을 한다는 게 진짜 놀랍다.

“민경이 엄마는 정말 대단하시구나. 너희 엄마는 진짜 멋진 분이야. 엄마에게 건강 조심하라고 꼭, 전해주렴.”

어느 날인가. 힘들어하며 혼자 있었는데, 주위 사람들이 ‘엄마 칭찬’을 해주었다. 그런 말을 들을 때마다 기분이 조금씩 좋아졌고,

괜히 어깨를 으쓱거리기도 했다. 많은 사람이 코로나로 힘들 때, 그 현장에 우리 엄마가 있다는 게 자랑스러웠다. 나는 그 뒤로도 좀 힘들긴 했지만, 나보다 훨씬 더 고생하실 엄마를 생각하며 하루하루를 견디었다.

엄마가 거점병원에서 일하기 시작하면서부터 나는 코로나19에 대한 경각심이 조금씩 생겼다. 예전에는 뉴스에서 코로나 관련 소식이 나와도 무관심했었는데, 엄마가 일하러 가고 나니 상황을 실감할 수 있었다. TV에서 코로나 현장 소식이 전해질 때마다 그곳에서 일하는 의료진들을 볼 때마다, 우리 엄마 생각이 나면서 더 보고 싶어졌다. 밖에 잠깐 나갈 동안 사용하는 마스크도 불편한데, 엄마는 종일 마스크를 쓰고 의료방호복을 입는다고 생각할 때면, 존경스럽기도 하고 걱정도 앞섰다. 어떤 날은 코로나 현장에서 일하는 의료진만 봐도, 괜히 눈물이 나곤 했다.

엄마와 영상통화를 하면서 걱정스러운 마음을 달래기도 했지만, 자주 안부를 묻지 못했다. 엄마는 병원에서 코로나 환자를 돌보고, 나는 동생들을 돌면서 그렇게 하루하루를 버텨갔다. 그러다 보니 어느새 한 달 반이라는 시간이 흘렀고, 엄마와 영상통화를 하는데 "민경아, 이제 곧 엄마가 집으로 갈게"라는 소리에 꿈만 같았다. 진짜인지 가짜인지 몰라서 몇 번이나 더 확인했다.

하루하루 손꼽아 기다리던 4월 18일 아침이었다. 과제와 집안일, 동생 돌보기 등으로 피곤해서 늦잠을 자는데 동생들이 내 방으로 뛰어 들어왔다. “엄마가 왔어. 엄마가!”라며 소리를 질러댔다. 그 덕분에 잠도 확 달아났지만, 엄마가 왔다는 소식이 더 기쁘기만 했다. 현관문을 열자 반가운 얼굴이 눈에 들어왔다. 엄마는 한 달 보름 만에 만난 우리 자매들을 힘껏 안아주셨다.

코로나19 확진자가 조금씩 줄어들고 있지만, 우리나라뿐만 아니라 세계 여러 나라에서 감염병 환자가 계속 발생하고 있다. 사회적 거리두기와 손 씻기, 마스크 착용 등 의료진들이 얘기하는 예방과 행동 수칙을 잘 따라야 한다. 그래서 하루빨리 코로나가 끝나서 가족과 함께 가까운 곳으로 여행을 떠나고 싶다. 코로나가 우리 곁에 오기 전의 세상으로 멀리 놀러 가고 싶다.

조금만 힘을 내세요
지금 우리가 갑니다!

안영길 | 동국대학교경주병원

지난해 12월 '우한 폐렴'이란 말을 처음 들었을 때 중국 후베이성 우한을 중심으로 퍼진 사소한 바이러스로만 생각했고, 곧 지나가리라고 믿었다. 하지만 긴 겨울 끝에 누구나 기다렸을 봄. 그 3월이 이토록 잔인할 줄 누가 알았을까. 뉴스에서는 연일 신종 코로나 바이러스에 관해 떠들어댔지만, 나와는 상관없는 이야기라고 여겼다. 그러던 중 2월 18일, 청정지역이라 불리던 대구·경북에서 31번 확진자가 발생하면서 상황은 급격하게 달라졌다.

국가지정격리병실을 운영하는 우리 병동에 확진자들이 밀물처럼 몰려들었다. 낯선 상황에 두렵기는 환자나 간호사 모두 마찬가지였다. 만약 3차 대전이 일어났다면 이런 모습일까.

여기는 총성 없는 전쟁터였다. 병동에서 함께 근무하는 우리들은 주어진 사명 앞에 피할 생각이 없었다. 보호자가 없으니 모든 일이 우리의 몫이었다. 기저귀를 갈고 밥을 먹이는 동안에도 환자분들이 병마와 싸워주기를 소망했다. 그러나 방호복을 입고 하나부터 열까지 모든 일을 처리하기란 그리 쉽지만은 않았다.

하루아침에 가족과 떨어져 병동에 입원한 환자들. 그 가운데 유독 몸도 마음도 힘들게 한 경우도 적지 않다. "망할 년들, 너희는 애미 애비도 없냐!"라며 고래고래 소리를 지르는 할머님은, "여기가 어디냐. 나를 제발 집에 보내줘"라며 밥상을 엎기도 했다. 입에 담기조차 힘든 욕을 들으면서도 돌봐야 할 환자의 마음을 다독이기에 바빴다. 우리는 할머니에게 "밥도 약도 잘 드시면 나으실 수 있어요"라고 어르고 달래기도 했다. 하지만 닷새째 되는 날 할머님은 집이 아닌 먼 길을 떠나셨다. 지키지 못한 약속 때문에 지금도 가슴이 아릴 때가 적지 않다. 눈에 보이지도 않는 바이러스 때문에 한 생명이 사라질 때마다, 인간의 존재가 덧없이 느껴지곤 했다.

어느 날은 장기간 입원하여 건강 상태가 좋지 않은 할아버님이 "죽기 전에 꼭 한번 짜장면을 먹고 싶다"라고 하셨다. 평소에 좋아하는 음식 생각이 나셨던 모양이었고, 우리는 당황했지만 영양실의 협조를 얻어 따뜻한 짜장면을 만들어드렸다. 그리도 좋아하신 짜장면 한 그릇을 다 비우지 못하셨지만, 할아버님이 좋아하던 모습을 지울 수 없다. 생과 사를 넘나드는 곳에서 사람이 전할 수 있는 따뜻한 온정은 서로에게 힘을 준다.

크고 작은 상황 속에서 가슴 아픈 일도 적지 않다. 청도 대남정신병원에서 이송되어 온 젊은 환자 두 분이 먼 길을 떠난 날은, 지금도 가슴이 아련하다. 두 분은 20년 가까이 폐쇄병동에 입원해 있었고, 돌볼 가족도 없었다. 그 두 분에게는 우리 병동으로 오던 순간이 처음이자 마지막 외출이었던 것이다. 꼭 완치된 모습을 보고 싶었지만, 그러지 못했다.

지치고 힘든 시간에도 봄은 찾아왔다. 어느 늦은 퇴근길, 그 위로 흩뿌리던 벚꽃 잎을 보면서 눈보라 속에 홀로 놓인 아이처럼 펑펑 울던 기억도 생생하다. 실컷 울고 난 뒤에 텅 빈 마음을 다독이면서, 환자분들 생각으로 다시 채우곤 했다. 숨고를 틈도 없는 나날이었다. 어느 날 근무 중에 아버지로부터 전화를 받았다. 늘 무뚝뚝하신 아버지는 수화기 너머에서 "우리 딸이 간호사라서 자랑스러운데. 너는 수간호사니깐…, 그곳에… 안 들어가지. 나는 우리 딸을 너무 사랑하니까…"라며 말을 잇지 못했다. 술에 취한 아버지의 떨리는 목소리를 놓아두고, "걱정하지 마세요. 아버지"라고 짧게 답했다. 전화를 끊고 난 뒤 병동 어느 구석에서 아버지를 생각하며 눈물을 닦곤 했다.

힘든 나날 속에도 빛나는 순간도 있었다. 환자들이 늘어가면서 병동 식구들만으로는 역부족이었을 때, 간호부와 타병동에서 지원 인력이 찾아왔다. 얼굴도 모르는 분들의 응원을 받았고, 곳곳에서 구호 물품들이 쏟아졌다. 특히 한 분 두 분 완쾌되어 퇴원하는 분들이 늘었고, 고맙다며 눈시울이 붉게 물든 분들이 적지 않다. 그분들을 바라보며 결코 혼자서 싸우며 걷는 길이 아니었음을 느꼈다. 우리와 사는 방식이 다르고, 환경이 달랐지만 그분들도 똑같은 사람이다. 누군가의 소중한 가족이고 어머니이자 아버지임을 새삼 느낄 수 있었다. 대남병원 환자 두 분을 먼 길로 보내드리고 난 뒤 우리는 모두 책임감과 우울감을 경험했다. 그러는 동안 우리는 마음속으로 '이제 더 이상은 떠나보내지 말자. 우리 다 같이 살려보자, 살려내자!'라며 다짐했다.

20년이 넘도록 간호사 생활을 했지만, 더 많은 것을 느끼고 더 큰 삶의 교훈을 배우고 있다. 슬픈 드라마를 보면서 눈물 한 방울 흘리지 않던 내가, 요즘 부쩍 눈시울 뜨거울 때가 많다. 무엇보다 사람 사이에 흐르는 정과 사랑을 배우며, 인생을 다시 배워간다. 오늘 하루의 무사함에 감사하고, 땀 밴 방호복을 벗으며 환자들의 쾌유를 빈다. 무엇보다 코로나19가 그치는 그 순간까지 건강을 잃지 않고, 그들을 위해 최선을 다할 수 있도록 힘을 달라고 기도했다. 일상의 작은 행복을 되찾을 때까지, 환자분들과 우리 간호사들은 모두 힘을 잃지 않을 것이다.

콜벨이 울리고 그 너머로 다급한 목소리가 들린다.

"선생님, 저 좀 살려주세요."

방호복 입는 손길이 바빠지고, 그 목소리가 있는 곳으로 발걸음을 재촉한다. 조금만 기운 내세요. 지금 우리가 갑니다. 그러니 조금만 견디어 달라고 말한다. 그러면서 지금 나와 함께하는 대한민국의 모든 의료진에게 감사와 사랑을 전하고 싶다.

김홍식 | 대구보훈병원 방사선사

#중증환자이송 #긴박하고_긴장된_순간 #지금우리가갑니다

나를 지킨 한마디,
우리를 지킨 한마음

정지윤 | 영남대학교병원

사랑하는 남편의 생일인데, 그 사람 기분이 가라앉아 보인다. 나 때문이다. 사실 며칠 전 '대구시 코로나19 거점병원에서 근무할 의료진 모집 광고'를 보고 지원했다. 다른 것도 아니고 '코로나 간호활동 지원'이니, 걱정하는 남편 마음을 이해할 수 있다. 밤을 새웠는지, 한낮에 잠깐 잠든 남편을 물끄러미 바라보다가 편지를 썼다. 신혼생활 1년 차에 '너무 무거운 선물을 준 건 아닐까?'라고 걱정도 되지만, 남편은 항상 나를 응원해준다. 그래서 용기를 내었는지도 모른다.

드디어 내일, 첫 출근하는 날이다. 응급실에서 근무할 때와 최근 재난 훈련을 받으면서, 묶음 머리가 불편해서 단발로 잘랐다.

간호 활동이 조금 더 편해질 듯하다. 저녁 무렵 시댁과 친정 식구에게 아직 말하지 못해서 마음이 너무 불편하다. 친정어머니는 심장 질환이 있기 때문에 연락드리는 게 맞을 것 같다. 어머니는 눈물 흘리시며, "왜, 네가 가야 하는데…"라며 한사코 말리셨다. 나는 "엄마, 누군가는 해야 하는 일이야. 원하는 사람이 하는 것이 옳아요"라고 생각을 전했다.

동산병원 근무 첫날 '전시 상황'이라는 말이 떠올랐다. 아직 체계가 잡히지 않아 보였고, 여러 곳에서 온 간호사들은 다소 어수선해 보였다. 그래도 대구를 위해 타지역에서 온 간호사 선생님들에게 너무 감사하고, 어려운 곳에 지원해 주신 것에도 경의를 표하고 싶다.

분명히 예전에 입어본 레벨D 보호복이었지만, 2~3시간 동안 입고 활동하는 것은 쉬운 일이 아니다. 착·탈의와 식사 시간을 포함한 2시간의 휴게 시간이 정말 순식간에 지나간다. 업무를 마치고 숙소에 돌아오면, 문득 이런 생각이 난다. "인간이 만들어 낸 무서운 변종 바이러스, 코로나19와 전쟁은 이제부터 시작이구나"라고 중얼거리곤 했다. 응급실에서 9년 넘게 일하면서 신종플루, 메르스 등을 겪었다. 이전 바이러스와 코로나19는 위험 강도가 전혀 다르고, 우리 생활 전체에 큰 변화를 가져왔다.

근무 이틀째다. 아침에 비가 와서인지 병실이 더 춥게 느껴진다. 우산이 없어서 비를 맞으면서 보호복 착의하는 곳으로 뛰어갔다.

레벨D 보호복은 이런 추위에도 땀으로 뒤범벅이 된다. 활력징후 측정과 도시락을 나누어 주고 나면 눈에 땀이 들어가서 너무 따갑다. 닦을 수도 없어서 참고 간호 활동을 계속했다. 팀장님들은 코로나19 환자와 접촉할 때는 좀 더 조심하라고 했기 때문에 보호구 안에 땀이 차도 닦지 못하고 버텨야 했다. 밀접접촉 시 환자의 비말로 인해 의료진이 감염될 수 있기 때문이다. 환자에게 투여하는 약은 항생제 · 항바이러스제 · 항말라리아제 · 해열제 · 거담제 · 기침약 · 진통약 등이었고, 식사는 대구시에서 도시락을 제공했다.

환자들은 도시락이 입맛에 맞지 않는 듯했고, 종종 간호사들에게 화를 내는 환자도 있었다. 코로나19라는 비상 상황에서도 사람들 일부는 제 생각만 하곤 했다. 병실에만 있어야 하기 때문에 답답함을 호소하기도 했고, 열이 나지 않는데도 온몸이 아프다고 소리치는 분도 있었다. 정서적 지지를 해주어도 환자들이 느끼기에는 감옥살이처럼 생각했다. 겨울비인지 봄비인지, 굵은 비가 내려서인지 좀 우울한 날이다.

근무를 마치고 보호복 탈의실에 돌아오니, 오전에 없던 우산들이 놓여 있었다. 의료진과 환자를 위해 대구시와 상황실에서 비치한 듯싶었다. 보이지 않는 곳에서 필요한 곳에 지원을 아끼지 않는 사람들이 있다. 그리 대단한 것이 아니라도, 배려하는 마음 씀씀이가 좋아 보여서 기분이 조금 나아졌다. 다시 힘내서, '대구와 대한민국을 간호해야겠다'라고 생각했다.

대구에 코로나 확진자가 급증해서 영남대학교병원 호흡기센터 코로나 환자 병동으로 이동하게 되었다. 이틀간 동산에서 일하는 동안 경험한 것과 이곳의 분위기는 또 달랐다. 동산병원과 비교해 중증도가 높아 혈관주사를 놓고 수혈, 호흡기 기계와 산소를 사용하는 경우가 더 빈번했다. 장갑을 두 겹 낀 채 혈관주사를 확보하는 것이 익숙하지 않아 특히 힘들었다. 노인 환자분이거나 부종이 심한 경우에는 특히 어려웠다.

중환자가 많아 지속적으로 바이탈을 체크하고 산소농도를 확인하는 것이 거점병원과 달랐다. 또한 동산병원은 건물 전체가 오염 구역으로 보였지만, 영남대병원의 경우 청결 구역과 오염 구역이 구분되어 있었다. 오염 구역으로 들어갈 경우에만 레벨D 보호복을 착용했다. 그리고 동산병원의 경우 환자 전용 엘리베이터를 타고 환자들이 엑스레이와 CT검사를 하러 갔지만 영대병원의 경우에는 엑스레이는 포터블로 진행하였고, CT검사가 있는 경우 간호사들이 음압 텐트에 환자를 옮겨서 CT실까지 이송하여 검사를 진행하였다.

환자들을 커튼을 통해 다른 사람과 물리적으로 차단했다. 그러나 환자들은 다른 사람으로 인해 2차 감염되어 퇴원하지 못할 수도 있다는 두려움이 컸다. 불안감과 우울증으로 정신건강의학과에 진료 요청하는 환자들도 늘어갔다. 이런 환자를 보면서 간호사인 나 역시 우울과 불안감에 휩싸이기도 했으며, 모든 것이 다 끝나버릴 것 같다는 생각에 시달리기도 했다. 환자들은 상황에 따라 극도로 예민해졌다. 퇴원하는 환자를 볼 때도 그렇고, 장기간 입원하는 환자를 보면서 자신도 그런 상태에 빠질까 봐 두려워했다. 그럴 때 환자들은 의료진이나 간호사들에게 비협조적으로 돌변했다.

간혹 기분 좋은 날도 있다. 근무하는 동안 환자분들이 "고맙습니다. 우리 때문에 고생이 많으세요. 힘들어도 우리 같이 이겨내요"라고 말할 때다. 우리가 해야 할 말을 환자들에게서 들을 때도 있다. 그럴 때면 입가에 웃음이 잡히고, 저절로 힘이 난다. 조금씩 레벨D 보호복이 익숙해진다. 착·탈의 시간이 한 달 전보다 훨씬 빨라졌다.

환자들 입원이 장기화되면서 필요 물품에 관한 추가 제공을 상황실에서 논의했고, 그 지침이 내려왔다. 필요한 소량의 물품은 병실에 전달하고, 퇴원 시에는 반드시 폐기하는 것으로 결정했다. 감염 예방을 위한 조치임을 환자에게 충분히 설명하고 물품을 전달했다. 한 달 동안 입원 생활을 하면서 코로나 검사와 거친 도시락으로 끼니를 때우는 환자를 보니, 안쓰럽기도 했다. 코로나 사태가 얼른 끝났으면 하고 바랄 때가 많다.

코로나병동에서 근무 마지막 밤이다. 지원한 첫날도 그랬듯이 밤을 지새울 듯하다. 잠이 쉽게 오지 않는다. 지난 2월 24일부터 3월 31일까지 무사히 업무를 마칠 수 있어서 다행이라고 생각했다. 코로나 확진자 수가 많이 감소하여 병동 축소 결정이 내려졌다. 오늘은 11명의 환자들이 다른 병동에서 내가 근무하는 코로나병동으로 전실 왔다. 경증 환자가 많이 퇴원하고 중환자만 모이는 듯했다.

오늘은 청결구역에서 레벨D 보호복을 모두 입고 전실 환자를 받았다. 한꺼번에 많은 환자가 전실되기 때문에, 레벨D 보호복을 착용하고 환자와 함께 병실로 이동 뒤 병실 생활 안내를 교육했다.

환자 모두를 전실하고 인계하니, 마음 한쪽이 뿌듯해졌다. 마지막 날도 평소처럼 최선을 다했다. 코로나에 맞서 함께 활동한 의료진들과 간호사들을 볼 때마다 고마운 마음이다. 무언가에 열심히 집중한다는 것. 그런 활동을 통해 타인의 생명을 지킬 수 있다는 건. 참으로 위대한 행복이라고 생각했다.

지난해 계류유산으로 지쳐있던 나에게…, 코로나병동에서 근무는 나를 더욱 성장하게 한 계기가 되었다. 앞으로도 코로나처럼 아니 그보다 더 위험한 바이러스가 나타날 수도 있겠지만, 지금처럼 우리 국민 모두가 함께 힘을 모은다면 '어떤 위기도 극복할 수 있다'라고 생각한다. 마음이 무너지지 않는다면, 정신이 굴복하지 않는다면, 어떤 위기도 극복할 수 있다고 생각한다.

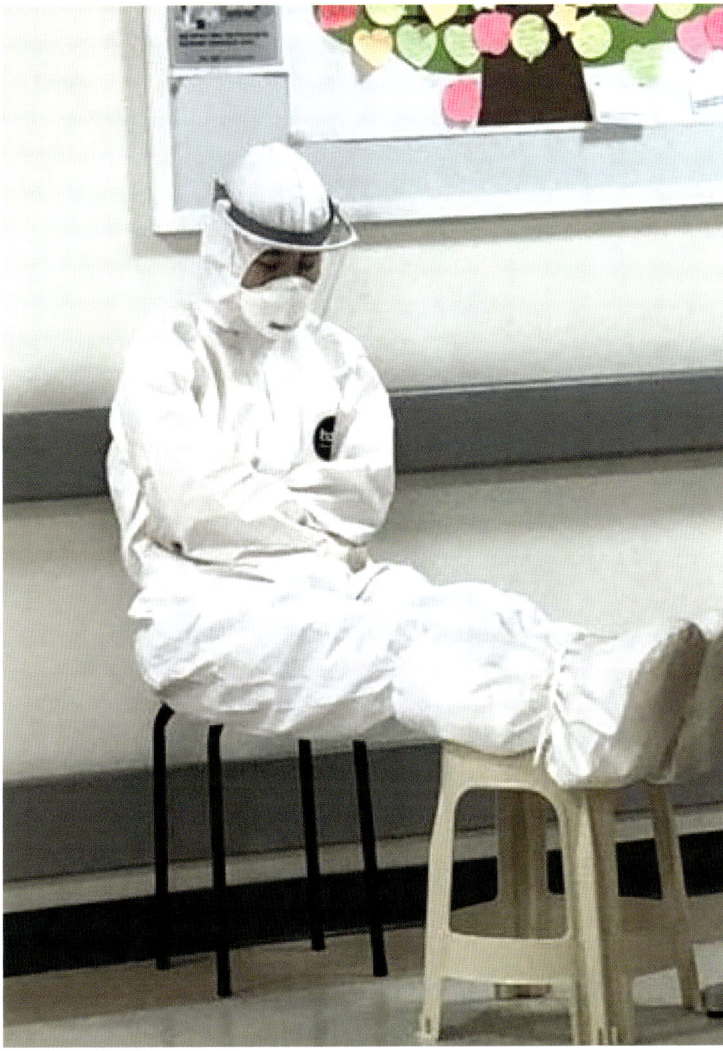

명해경 | 영남대학교병원

#의자두개_야전침대

#비상대기중_쪽잠

간호현장이 부르면 언제든 달려간다

박서현 | 대구가톨릭대학교병원

지난해 12월, TV에서 중국 우한 관련 바이러스 뉴스를 접했다. 그때까지만 해도 '중국 어느 지역에서 전염병이 발생했구나'라는 정도로 인식했다. 불과 얼마 뒤 코로나19가 우리나라뿐만 아니라 전 세계를 뒤흔들 줄은 정말 꿈에도 상상하지 못했다.

확진자가 조금씩 발생하던 2월 초까지만 해도 '마스크 착용과 손 씻기 등 개인위생만 잘 지키면 괜찮다'라고 생각했다. 하지만 2월 19일 대구에서 31번 확진자가 발생한 뒤부터 그야말로 대혼란을 경험했다. 매일 수백 명에 달하는 사람이 확진자로 판정되고, 그 중심에 대구가 놓여 있었다. 그 당시 대구는 모든 것이 순식간에 멈춰버린 상태였다.

거의 모든 회사가 재택근무로 업무 방식을 바꿨었고, 가게는 문을 닫았으며, 병원도 일제히 비상체제로 전환하였다. 항암 통합 간병 병동에 근무하는 나는 뉴스를 접하고, 이제 우리 병원도 예외가 아니라고 생각했다. 하지만 일반병동에 근무하는 내가 코로나 격리 중환자실로 파견 갈 줄은 미처 생각하지 못했다.

모든 상황이 갈수록 심각해졌다. 대구는 더 이상 병상을 마련할 수 없었고, 환자들은 집에서 목숨을 잃기까지 했다. 너무나 가슴 아픈 현실 아래서 아무것도 할 수 없는 나 자신이 너무 무기력해 보였다. 그즈음 책임간호사였던 내게 수간호사 선생님이 의논할 사항이 있다고 했다. 수간호사 선생님은 "박 선생도 아시다시피 지금 대구는 최악의 상황입니다. 병실과 의료진 부족으로 곤란한 상황이지요. 우리 병원도 확진 환자를 수용하기 위해 격리병동을 마련할지도 모릅니다"라고 말했다. 나는 한 치의 망설임도 없이 "선생님, 만약 누군가 가야 할 상황이 발생하면 제가 가겠습니다"라고 말했다.

물론 나 역시 두려움이 앞섰고, 가족과 병동 식구들 생각이 떠나지 않았다. 하지만 이제 누군가 해야 할 시간이라면, 당연히 내가 해야 하는 것이 옳다고 믿었다. 내가 하지 않으면 다른 누군가도 선뜻 나서기 어려울 것이라고 생각했다. 문득 '나는 나의 간호를 받는 사람들의 안녕을 위해 헌신하겠습니다'라는 나이팅게일 선서가 떠올랐다. 간호사로서 첫 발을 내디딜 때 가슴 저미도록 읊조린 선서였다.

나는 수간호사 선생님에게 '현장이 부르면 언제든 달려가겠다'라고 말해놓고, 제일 먼저 남편을 시댁으로 보냈다. 만약 격리병동에서 일한다면 최선을 다해 조심하겠지만, 혹시 모를 감염에서 우리 가족을 지키려면 어쩔 수 없었다. 남편을 시댁에 보내면서 시부모님에게 전화를 했다. "아버님, 제가 당분간 격리병동에서 환자를 돌봐야 해요. 당분간 찾아뵙지 못해서 전화드렸습니다"라고 했더니, 시아버님께서는 "역시, 우리 며느리다. 아무 걱정 말고 의료현장에서 최선을 다해 환자를 보살피려무나"라고 답하셨다. 멋진 아버님의 격려와 눈에 넣어도 아프지 않을 딸과 당분간 이별이라고 생각하니, 마음이 아팠다. 영상 통화로 여덟 살 딸과 이야기를 나누었다. 딸은 "나는, 엄마를 믿어. 용기 내고 건강하게 돌아와요"라는 말에 또 한 번 울컥하고 말았다.

2월 말 격리병동이 만들어지기 시작했다. 새벽부터 자정이 넘도록 퇴근하지 못하는 간호처 처장 수녀님과 부장님, 팀장님들의 지휘하에 만반의 준비를 갖추었다. 격리병동이 될 병동에 음압병동을 만들고, 보호장구가 보충되는 사이에 나는 환자들을 다른 병동으로 옮겼다. 드디어 3월 1일, 나와 코로나 전쟁은 시작되었다.

호흡기병동 근무 경력이 14년이었지만, 중환자실 근무는 처음이라 두려움과 불안이 엄습했다. 하지만 내가 떨거나 두려워하면 환자들의 걱정이 더 커질 것이라고 생각하며, 마음을 단단하게 여미었다. 코로나병동은 항상 응급상황에 대처해야 했고, 휴식 시간에도 환자들 걱정이 떠나지 않았다.

매일매일이 긴장의 연속이었고, 늦은 시간 퇴근하면 거의 기절하다시피 쓰러졌다. 인공호흡기, 인공심폐기, CCRT(항암방사선동시요법) 등 모두 낯설고 생소한 기계들이었다. 1분 단위로 수축기 혈압이 60mmHg로 떨어졌다가 200mmHg까지 올라가거나, 갑자기 산소포화도가 떨어지는 상황이 무한 반복되었다. 격리병동 중환자실은 그야말로 전쟁터였다. 힘든 상황이 연일 이어졌지만, 포기할 생각은 추호도 없었다. 미력하나 나의 땀과 노력이 환자 한 명을 더 살릴 수 있다는 생각으로, 남들보다 더 노력했다.

그렇게 한 달이라는 시간이 흘렀고, 숨을 거둔 환자분들과 퇴원한 환자들로 병원의 시간은 뒤섞였다. 기억에 남는 분도 있는데, 3월 2일 코로나 양성 판정을 받아 입원한 지 6시간 만에 병이 급속도로 진행하였고, 중환자실로 내려와서 인공호흡기에 의지한 채 기도절개술을 받은 환자였다. 치료 의지가 정말 강한 김 할머님. 건강 상태가 불안정해서 혈압이 올랐다가 급격히 떨어지곤 했다. 어느 날은 열이 39℃까지 오르기도 했다. 인공호흡기에 의존했지만 진정제도 사용하지 않고 적응을 잘하던 분이었다.

할머님의 의식은 깨어있어서 입 모양이나 고개를 끄덕이는 방식으로 의사 표현을 하셨다. 뒤늦게 환자분을 담당하게 되면서, 돌아가신 외할머니가 생각나서 더더욱 애착이 가고 신경이 쓰였다. 출근하면서 "할머님, 나 기다렸어요?"라고 인사드리면, 고개를 끄덕이면서 가만히 나를 바라보던 할머님의 눈동자를 잊을 수 없다. 상태가 호전되는 듯하다가 다시 급속히 나빠지기를 반복했고, 할머님도 조금씩 지쳐가고 있었다.

밤 근무를 하던 어느 날이었다. "할머니의 건강 상태가 좋지 않고, 돌아가실지도 모른다"라는 말을 이전 근무자에게 들었다. 위중하다는 이야기에 나도 모르게 마음이 무거워졌다. 하지만 환한 얼굴로 할머님이 있는 병실 문을 열었다. "할머니, 저 왔어요. 오늘도 우리 할머니 씩씩하시네요"라고 말하자, 환하게 웃는 할머님의 얼굴이 눈에 들어왔다. 서로 이야기를 나눈다고 생각했지만, 늘 표정 변화가 없었다. 그런데 그날 처음 할머님이 나를 향해 방긋 웃으셨다. 그런 할머니에게 다가가서 나도 모르게 울고 말았다. 할머니는 웃고 있는데, 내 눈에서는 자꾸 눈물이 쏟아졌다.

나는 한동안 할머니 손을 꼭 잡고 있었다. 어느새 방호복 속은 땀과 눈물로 뒤범벅이 되었고, 목이 잠겨서 말을 할 수도 없었다. 그러다가 '내가 이러면 할머님이 더 힘들어하실 수도 있겠다'라는 생각이 들었다. 감정을 추스르며 할머님을 돌보던 그날 밤을 지금도 잊을 수가 없다. 그러고는 닷새 뒤 할머님은 하늘나라로 떠나셨다.

격리환자이기에 가족이 올 수도 없었고, 사망 환자 절차에 따라야 했다. 장례사들과 함께 쓸쓸하게 떠나가는 할머님의 마지막을 지켜보면서, 너무나 가슴이 무겁고 아팠다. 그 뒤로도 며칠 동안 내색하지 않았지만, 무너진 마음을 추스르는데 시간이 좀 더 걸렸다. 지금도 동그랗게 웃던 김 할머님을 생각하면 가슴 한쪽이 먹먹해진다.

그러나 항상 슬픈 일만 있지는 않았다. '아, 그래! 내가 간호사였지'라고 떠올리게 만든 환자도 있었다. 코로나가 극성이던 3월, 양성 판정을 받은 남○○ 환자는 진정한 승자였다. 병원에 이송되었을 때는 상태가 너무 좋지 않아서 걱정을 많이 했다. 그런데 환자의 의지가 남들과 달랐다. 조금씩 호전되더니 일반병동으로 옮겨졌고, 나중에는 완치 판정을 받고 퇴원한다는 소식을 전해 들었다.

중환자실 근무에 지쳐있던 우리에게 환자의 퇴원 소식은 단비처럼 기뻤다. 환자는 퇴원하면서 '밤낮없이 최선을 다해 준 간호사님들과 의료진들에게 진심으로 고마움을 전합니다'라는 편지를 남겨 주었다. 오랫동안 병실에 있었기 때문에 퇴원 준비도 모자랐을 것이다. 그런데 우리에게 주려고 편지를 쓴 환자를 생각하니, 가슴이 벅차올랐다.

코로나로 많은 사람이 목숨을 잃었다. 여전히 세계 여러 나라가 바이러스에서 벗어나지 못하고 있다. 비록 코로나가 우리의 모든 것을 송두리째 바꾸었지만, 절대 바꿀 수 없는 것이 있다. 그것은 바로 '우리의 마음, 사랑하는 마음'이다. 우리 마음에서 사랑의 불빛이 꺼지지 않는 한, 절대 코로나가 우리를 이길 수는 없을 것이다.

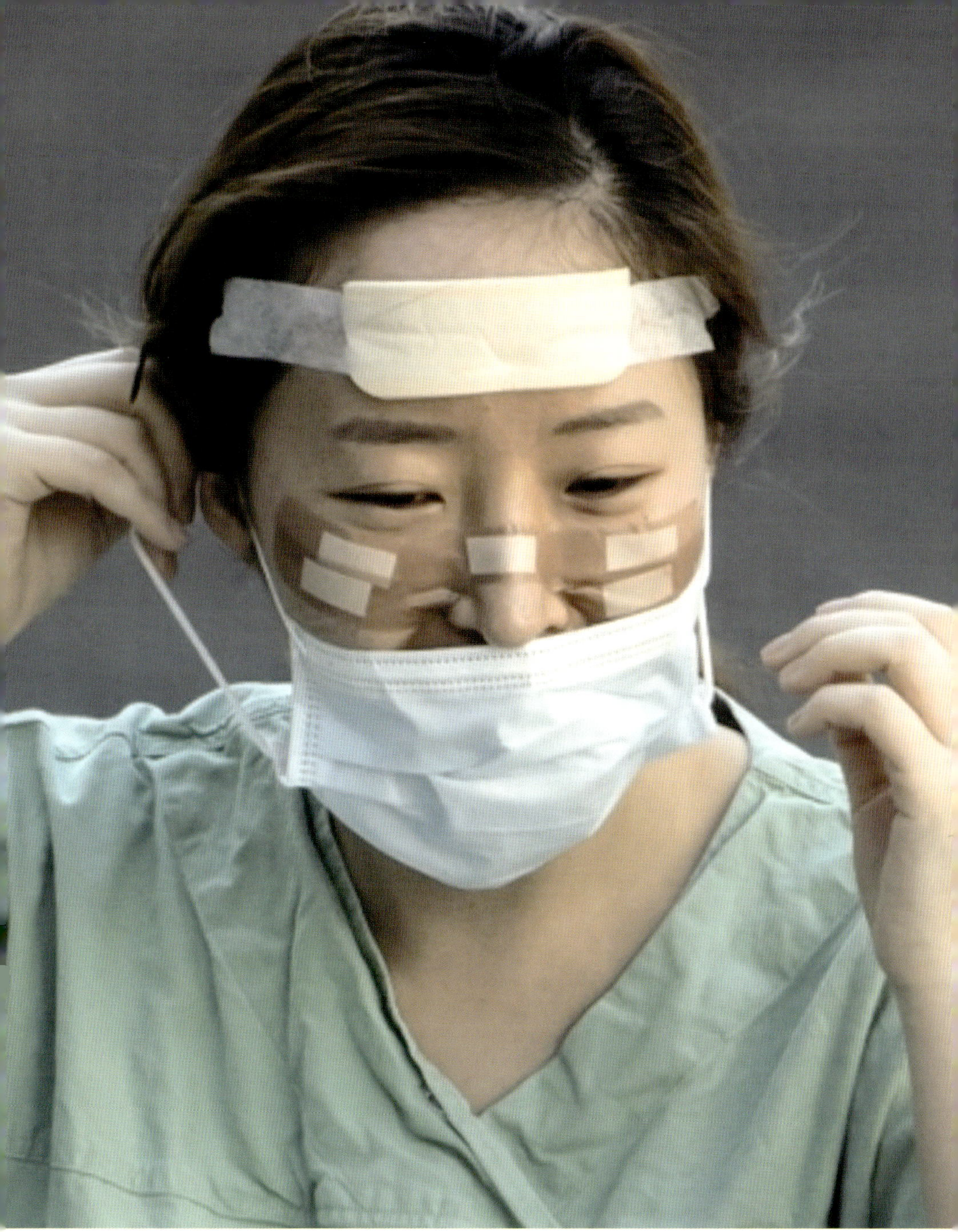

유가람 | 칠곡경북대학교병원

#상처투성이얼굴

#간호사들의밴드_명예의배지

부모님 전상서,
두 분의 사랑이 제겐 큰 버팀목입니다

정보현 | 충남대학교병원

코로나19가 발병한 지도 석 달이 넘어가고 있습니다. 신종감염병이 발생한 지 4개월이 지나서야 부모님에게 안부를 여쭙니다. 항상 저를 걱정하시는 부모님을 떠올리며, 병원 근무를 마친 뒤 집에 들어와 책상머리에 앉았습니다.

간호사 생활도 벌써 6년이 지나갑니다. 처음 일할 때는 우울증과 공황장애를 앓고 있어서, 병원 근무를 중도에 포기하고 싶을 때도 있었습니다. 그럴 때마다 늘 제 뒤에는 부모님이 계셨습니다. 나약한 저를 보듬어 주시고, 한결같이 믿어주신 두 분께 어버이날을 맞아 이 편지를 씁니다.

메르스가 유행할 때도 걱정이 앞섰던 부모님, 그때보다 더 강력한 코로나19로 세계는 대재앙을 겪고 있습니다. 급성기에는 환자가 기하급수로 증가하여 방역 당국과 제가 일하는 병원에서도 병상이 부족하였습니다. 뉴스를 통해 걱정이 앞설 부모님에게 이제야 소식을 전해드려 죄송할 따름입니다.

코로나19 초기에는 KF94 마스크를 착용하고 병실에 들어가면 온몸에서 땀이 흐르고, 눈을 뜰 수도 없었습니다. 위장이 약한 탓에 숨쉬기도 어렵고, 간혹 헛구역질이 나기도 했습니다. 그럴 때마다 부모님이 계셔서 포기하지 않고 버틸 수 있었습니다. 코로나가 처음 발생했을 때부터 지금까지 단 한 번도 긴장을 늦추지 않았습니다. 지난 3월에는 감염병에 대한 스트레스 때문에 불면증에 시달리기도 했습니다. 하지만 불안감보다 초기에 감염병을 막지 못한다면, 우리 가족뿐만 아니라 나라 전체에 큰 손실이라 생각하며 견디었습니다. 다행히 대한민국의 방역 수칙은 세계가 인정할 만큼 정석대로 순서를 밟아갔습니다. 지난 1월부터 지금까지 저 역시 예방 수칙과 병원 규칙을 준수하고 있습니다. 그 때문인지 오늘은 확진자가 2명으로 줄어들었습니다.

부모님을 뵙지 못한 지도 3개월 아니 4개월을 넘어가고 있군요. 저는 코로나19가 확실하게 종식되면 그때 본가로 찾아뵙겠습니다. 그러니 두 분 모두 제 걱정은 하지 마세요. 코로나 확진자가 줄어든다고 하지만, 부모님도 긴장을 늦추지 마세요. 손 씻기와 함께 마스크 착용도 꼭 하시고, 사람이 많이 모인 곳은 가능하면 피하도록 하세요. 어렸을 때부터 기관지가 약한 탓에 코로나19는 남들과 달리 제게 위험한 질병이었고, 심리적으로 압박감을 주는 질환입니다. 그래도 저는 철저한 자기 관리를 통해 잘 지내고 있습니다. 항상 제 걱정이 앞서시겠지만, 끼니마다 밥도 거르지 않고 잘 챙겨 먹고 있습니다.

다만 저는 일본에서 일하는 오빠가 걱정입니다. 일본은 코로나19가 심각할 단계로 퍼지고 있기 때문입니다. 오빠에게 택배를 보내도 한 달 뒤에나 받을 수 있다고 합니다. 카카오톡을 보내도 읽지 않는 오빠 안부가 너무 궁금합니다. 제가 한 번 더 문자나 메일로 확인하겠습니다.

코로나는 우리의 일상을 바꾸어놓았습니다. 불과 1년 전만 해도 컴퓨터 학원에 다니면서 동영상 편집과 포토샵에 취미를 가졌지만, 지금은 외부와 접촉을 줄여야 하니 글쓰기를 취미로 삼고 있습니다. 병원에서 퇴근하면 EBS 방송국에서 하는 〈강원국의 말하기〉라는 프로그램을 보며 글쓰기를 배웁니다. 프로그램을 보면서 제 첫 글을 '부모님 전상서'라는 제목으로 쓰고 싶었습니다.

항상 무뚝뚝한 첫째 딸이라서, 그동안 부모님에게 표현을 잘 하지 못했습니다. 어버이날이지만 타지에서 병원 생활을 하니 카네이션도 전해드리지 못합니다. 못난 딸이지만 이렇게 편지로

제 마음을 대신하고 싶습니다. 비록 코로나19 때문에 함께할 수는 없지만, 제 마음속에는 부모님이 항상 계십니다. 멀리서 편지로 대신 안부를 여쭙니다. 아버지 건강은 어떠하신가요? 환절기마다 정신적으로 힘드셔서 약을 드시는데, 우울증은 괜찮으신지요? 저도 간혹 혼자 눈물 흘릴 때가 있지만, 글쓰기로 이겨내고 있습니다. 아버지 너무 걱정하지 마시고, 항상 행복만 생각하세요.

저와 함께 일하는 누군가 그러더군요. 지금 힘든 일은 나중에 조금 더 행복하기 위한 과정이라고 말합니다. 제가 있는 곳은 코로나19로 많은 의료진이 몸도 힘들고, 정신적으로도 고통받고 있습니다. 하지만 저와 우리 의료진 모두 대한민국과 병원을 믿고 열심히 일하고 있습니다. 제 마음속에는 늘 코로나19가 빨리 종식되기를 바랍니다.

반가운 소식은 이제 확진자가 조금씩 줄어들고, 마스크도 줄 서서 기다리지 않고 살 수 있다고 합니다.

사랑하는 부모님, 이제 조금만 견디면 분명히 좋은 날이 옵니다. 우리 병원도 코로나19 환자 수가 줄어들면서 조금씩 병동이 정상화되고 있습니다. 끝이 보이지 않았던 코로나 감염병도 언젠가 끝이 날 것입니다. 절망 가득한 날에도 빛이 찾아 들고 행복한 날이 반드시 올 것입니다. 사회적 거리두기에서 생활 방역으로 정부의 방역 정책이 바뀌었지만, 손 씻기와 마스크 착용 꼭 하세요.

미열이라도 있으면 병원에 꼭 방문하세요. 저는 코로나19가 종식되면, 그때 건강한 모습으로 찾아뵙겠습니다.

저는 국가적인 재난 상태를 이겨내야 하고, 이겨내고 싶은 대한민국의 간호사로서 열심히 일하고 있습니다. 그러니 너무 걱정하지 마시고, 항상 두 분 건강 챙기도록 하세요. 야심한 밤이 왔으니 이만 줄이겠습니다. 두 분 모두 건강하게 지내세요.

2020년 5월 7일 새벽 2시

첫째 딸 정보현 올림

명지병원

#힘들지만#오늘도웃는다

좋은 간호사 더 좋은 간호
내가 하는 일에 가치를 느낀 바로 순간들

최은혜 | 서울아산병원

2020년 3월 31일 화요일은 잊을 수 없는 '하루'로 내 기억에 새겨 있다. 그날 서울아산병원 소아병동에 입원 중이던 세 살의 박유나는 가성장폐색(pseudoobstruction) 진단을 받고, 복강경을 이용한 천공부위 수술(laparoscopic exploration)이 끝난 뒤 오후 3시 56분에 신관회복실로 입실했다. 담당 간호사인 나는 마취에서 깬 유나가 엄마와 최대한 빨리 만날 수 있도록 보호자를 호출하고 유나 곁에서 활력징후를 측정했다. 그러나 호출한 지 10분이 지나도록 보호자는 도착하지 않았다.

잠시 뒤 '소아병동' 발신 번호가 찍힌 전화가 울렸다. 직감으로 '무슨 사정이 있는 건가?' 불안한 마음이 일었고, 수화기 너머에서 다급한 목소리가 들려왔다.

"최 선생님, 지금 우리 병동에서 코로나19 확진자가 나와서 병동을 폐쇄했고, 유나 엄마가 코호트 격리 중이라 회복실로 내려갈 수가 없어요. 유나도 병동으로 바로 올 수 없는 상황이에요. 다시 연락 드릴게요."

병동 간호사의 떨리는 목소리만으로도 소아병동의 급박한 당시 상황과 고군분투하고 있을 여러 의료진의 모습이 선명하게 떠올랐다.

유나는 지난 3월 26일부터 소아병동에 입원했고, 아직 중증급성호흡기증후군 코로나 바이러스2(SARS-CoV-2) 검사를 받지 않은 상태였다. 그러니까 유나는 코로나 확진자와 접촉했을 가능성이 있었다. 유나가 있는 회복실 같은 공간에는 전신마취 수술 뒤 회복 중인 성인 환자가 여섯 명, 동료 간호사 두 명, 이송 조무원 두 명이 함께 있었다. 더군다나 유나와 가장 밀접하게 접촉한 사람은 바로 나였고, 그런 전후 상황이 머릿속에서 빠르게 흘러갔다.

나는 이런 사실을 바탕으로 반사적으로 움직였다. 우선 유나의 침대를 끌고 소아 회복실에서 나와 신관 회복실내 음압격리실로 뛰어 들어갔다. 동시에 회복 중인 성인 환자를 돌보던 동료 간호사에게는 '빨리 외과용 마스크를 착용하라'고 전했다. 아직 수술 담당 의료진들은 유나가 입원했던 병동에서 코로나19 양성 확진자가 발생한 것을 모르고 있을 가능성이 매우 컸다. 상황에 따라서는 수술실 의료진들도 모두 격리대상에 포함될 수 있는 매우 급한 상황이었다. 나는 침착함을 잃지 않으면서 동시에 서둘러 이런 사실을 보고했다.

다행스럽게도 그 당시 회복실 안에서 밀접 접촉자는 유나와 나 둘 뿐이었다. 음압격리실로 이동하자마자 코로나 4종 보호구를 빠르게 착용하고 어린 유나를 달랬다. 수술 직후 회복 중인 소아 환자에게 엄마의 손길은 무엇보다 필요하다는 것을 잘 알고 있었기에, 울며 보채는 유나를 안정시키려고 노력했다. 잔뜩 찡그린 얼굴에 몸을 웅크리고 우는 유나의 모습을 보고 있으니, 소아병동에서 속이 타들어 갈 유나 엄마의 모습이 떠올랐다. 나 역시 아이를 키우는 같은 엄마로서 안타까움과 함께 말로 할 수 없는 어떤 책임감이 전해졌다.

유나는 오후 4시 10분 진통제를 투약 받고서야 간신히 잠들었다. 잔뜩 웅크린 자그마한 몸도 그제야 긴장을 풀 수 있었지만, 체온이 문제였다. 회복실에 들어올 때부터 37.7℃였으니, 주기적으로 체온을 측정하면서 유나 곁을 지켰다. 여러 가지 튜브와 관을 몸에 삽입한 상태였기 때문에 잠자는 동안에 당기거나 빠지지 않도록 확인했다. 영양제와 수액도 작은 몸속으로 잘 주입되는지 지켜보면서, 혹시 모를 코로나19 증상도 세밀하게 관찰했다.

20분 뒤 잠에서 깬 유나는 주변을 두리번거렸다. 음압격리실이 매우 낯선 모양이었다. 눈에서는 금세라도 눈물 방울이 툭 하고 터질 듯했다. 나는 무릎을 바닥에 대고 유나와 눈높이를 맞추며 말을 건넸다.

"예쁜 유나야. 선생님이 엄마처럼 배도 만져주면서 아프지 말라고 '호호' 해주어도 괜찮을까요?"

유나는 작고 까만 눈을 동그랗게 뜨며 말없이 나를 바라만 봤다. "지금 유나 배가 많이 고프겠네요? 목마르지는 않나요? 지금처럼 치료 잘 받으면 선생님이랑 곧 엄마를 만나러 갈 수 있어요"라고 말을 잇자, 유나가 조그마한 머리를 끄덕이기도 했다.

음압격리실에는 아이가 관심을 둘만 한 장난감 같은 것이 없었다. 할 수 없이 음압격리실과 회복실 사이 유리 벽에 붙은 물고기 스티커를 보면서, 이야기를 만들어 들려주었다. 머릿속에 떠오르는 대로 우스꽝스러운 목소리를 내면서 만화 영화 속 물고기 주인공 성대모사를 들려주었다. 유나의 눈이 반달 모양으로 웃기도 했고, 그러는 동안 유나도 조금씩 안정을 되찾고 있었다.

같은 시간 수간호사 선생님은 소아병동 상황과 관련하여 분주하게 움직였다. 회복환자의 동선과 노출자 명단을 꼼꼼하게 확인하면서, 나와 유나가 있는 음압격리실도 빠짐없이 보살폈다. 유나 상태를 기록할 수 있는 기록지와 필기도구를 건네주면서, '기저귀와 시트가 젖지 않았는지. 더 필요한 물품은 없는지' 계속 확인하였다. 소아병동에서 유나 상태를 걱정하는 엄마의 소식도 알려주었고, 나는 수간호사 선생님을 통해 유나 상태를 전했다. "유나는 수술 후 미열이 있는 것 외에는 코로나19와 관련한 의심 증상은 특별히 발견할 수 없습니다"라는 보고와 함께 유나가 의젓하게 잘 견디고 있으니 안심하시라는 말도 함께 전달했다.

오후 5시 20분 주임간호사 선생님으로부터 "다행히 유나는 코로나19 확진 환자와 밀접 접촉자가 아닙니다"라는 소식을 전달받았다. 하지만 여전히 소아병동은 폐쇄 상태라서 병동 이동 여부는 미정 상태였고, 유나는 3~4시간은 더 보호자 없이 음압격리실에 머물 가능성이 높았다. 주임간호사 선생님에게 입을 닦아줄 젖은 거즈와 소아환의, 시트, 진통제 등을 요청한 뒤 유나의 상태를 살폈다. 수술 뒤 금식해야 하는 유나의 입과 입술을 꼼꼼하게 닦아주면서 회복 상태를 관찰했다. 자그마한 몸으로 큰 수술을 잘 견딘 유나는 간혹 수술 부위가 불편한지 얼굴을 찡그리기도 했지만, 힘든 시간을 잘 버티고 있었다.

오후 6시를 넘어서자 유나가 주위를 두리번거리며 불안해하기 시작했다. 수술 뒤에 엄마를 만나지 못하는 상황이나, 음압격리실의 환경이 낯설었기 때문이다. 걱정 가득한 아이 얼굴을 앞에 놓아두고 아이들이라면 누구나 좋아하는 아이스크림을 소재로 유나와 이야기를 나누었다. 그러자 유나는 “나는 바나나 구슬 아이스크림이 제일 좋아. 슈퍼에 있어. 맛있어”라며 귀엽고 작은 몸을 내게로 돌아누우며 답하곤 했다. 고양이를 좋아한다는 유나에게 얼마 전부터 함께 사는 고양이 이야기를 들려주기도 했다. 작고 답답한 음압격리실에서 우리 둘은 작지만 소중한 이야기를 나누며 시간을 보냈다. 같은 시간 소아병동은 코로나 증상과 역학적 연관성에 따라 환자와 보호자들이 감염격리병동으로 분산 배치되는 중이었다. 그렇게 시간이 흘렀고, 오후 6시 50분 유나는 소아병동으로 입실 가능하다는 연락을 받을 수 있었다.

음압격리실을 퇴실하기 전 나는 유나에게 KF94 마스크를 씌웠다. 하얗고 조그마한 손으로 양쪽 마스크 끝을 야무지게 잡고 병동으로의 출발을 기다리는 모습을 보면서, 나도 모르게 “잘했어, 최고야!”라고 말하며 유나에게 엄지를 보여 주였다. 낯선 음압격리실에서 엄마와 떨어져 오랜 시간 잘 회복해준 어린 유나가 너무 대견했다. 그런 모습을 보면서 간호사인 내가 오히려 ‘작은 아이’에게 감동하고 위로받은 시간이었다.

오후 7시 5분 소아병동 환자용 엘리베이터에서 내리는 순간은 잊을 수 없다. 불이 꺼진 채 깜깜한 복도와 사방에 표시된 통제 라인, 아무 소리도 들리지 않은 정적이 마치 재난 영화의 한 장면처럼 낯설었다. 보안요원들은 폐쇄 상태인 소아병동에 아이 침대를 끌고 나타난 나를 보자마자 놀란 표정으로 뛰어왔다.

"현재 소아병동은 폐쇄되었습니다. 어디에서 오신 건가요? 여기는 지금 들어오실 수 없습니다"라며 보안요원들이 다급하게 말했다. 나는 그들에게 그간 상황을 간략하게 설명한 뒤, 소아병동 스테이션의 간호사에게 유나가 도착했음을 알리면서 신속한 안내를 요청했다. 보안요원들이 재확인을 위해 스테이션으로 이동했고, 우리는 통제라인 안에서 기다렸다. 불안해하는 유나의 손을 꼭 잡고 이야기를 나누는 사이, 보안요원들이 다시 돌아와서 출입을 허가했다. 우리는 보안요원들의 안내를 받으면서 병실로 이동했다. 복도를 지나가면서 눈에 들어온 모습은 예전과 사뭇 달랐다. 4종 보호구를 착용하고 바삐 움직이는 사람들 속에 유나와 나는 보호받는 듯했다. 셀 수 없는 간호사와 지원 인력들, 방역과 소독을 담당하는 직원들이 구슬땀 흘리며 일하는 현장을 눈으로 보자, 무언가 울컥하면서 마음이 숙연해졌다. 눈에 보이지 않는 곳에서 각자 자리를 지키며 최선을 다하는 그들에게 존경과 뜨거운 감정이 솟았다.

우여곡절 끝에 병실에 들어서자마자, 유나 엄마가 눈물을 흘리며 뛰어왔다. 유나의 얼굴과 몸을 쓰다듬으며 눈물 흘리는 엄마와 달리, 유나는 해맑게 "안아줘, 엄마"라며 두 손을 쑥 내밀었다.

나는 흐느끼는 엄마에게 “회복실에서부터 유나와 함께한 간호사예요. 아이가 많이 힘들었을 텐데 의젓하게 잘 견뎌줘서 제가 더 고마웠어요. 많이 칭찬해 주시고, 좋아하는 바나나 구슬 아이스크림도 꼭 사주세요. 어머님도 병동이 갑자기 폐쇄되어 당황하셨을 텐데, 저희 의료진을 믿고 기다려 주셔서 고맙습니다”라고 했다. 유나 엄마는 “감사해요, 간호사님. 정말 감사해요”라는 말을 계속 반복하였다. 내가 병동을 나설 때 엄마 품에 푹 안겨 손을 흔들어 주는 유나를 보자 긴장했던 마음도 눈 녹듯 사라졌다. 아이의 눈을 보면서 유나와 조금 더 함께 있고 싶은 마음에 발걸음을 떼기가 쉽지 않았다.

소아병동에서 다시 신관 3층 회복실로 혼자 돌아오는 길이었다. 문득 이전에 읽었던 〈좋은 간호사 더 좋은 간호〉 책 속 한 문장이 떠올랐다. ‘내가 하는 일에 가치를 느끼면 성공한 간호사’라는 글이, 왜 갑자기 떠올랐을까. 바쁜 병원 생활 동안 잊고 지낸 글 한 줄이 숨 가쁘던 오늘 하루와 겹쳤다. 코로나19 위기 상황에서도 의료현장을 지키면서 아낌없이 서로 돕고 헌신하는 동료의 얼굴도 함께 떠올랐다. 수많은 의료진이 흘리는 땀 속에, 국민의 생명을 지키려는 노력 속에, ‘소중한 사명감’을 느끼기도 했다. 서울아산병원 의료진의 한 사람으로서 깊은 자긍심과 함께 무거운 책임감을 경험한 소중한 하루였다.

지난 4월 15일 코로나19로 폐쇄되었던 소아병동이 코호트 격리에서 풀렸다. 환자와 보호자들은 수술만으로도 힘든 상황에 놓인다. 코호트 격리란 말로 다할 수 없는 고통 속에서도, 밤낮없이 환자를 위해 애쓴 동료 의료진들이 고맙고 자랑스럽다. 병마와 싸우는 한편 코로나19 상황에도 용기를 잃지 않은 환자분들에게 진심으로 고마움을 전한다. 코호트 격리에서 해제 된 후 많은 사람이 간호사와 의료진들에게 마음 담긴 편지를 보내왔다. 정성 기득한 손글씨에 담긴 고마움을 보면서 '우리가 함께한 시간과 우리가 이겨낸 시간'이 눈앞에 선명하게 떠올랐다.

어떤 어려움과 고난이 닥쳐와도 우리는 환자와 함께할 것이며, 코로나19 극복이라는 책임과 역할을 다할 것이다. '내가 하는 일에 가치를 느끼면 성공한 간호사'라는 글에 부끄러움이 없도록 최선을 다할 것이다.

*환아의 이름은 가명입니다.

코로나 영웅,
대한민국을 간호하다

초판 1쇄 인쇄 2021년 1월 29일
2쇄 인쇄 2021년 4월 21일

발행인 신경림
발행처 대한간호협회
기획·제작 도서출판 지누
표지디자인 하루

출판등록 1962년 7월 13일
등록번호 제 2-202호
주소 (04615) 서울특별시 중구 동호로 314
전화 02)2206-1930, 1931
팩스 02)2206-2559
홈페이지 www.koreanurse.or.kr
인쇄·제본 갑우

값 15,000원

대한간호협회
Korean Nurses Association

ISBN 978-89-5882-158-8 (93510)